Wielka Księga
Gier i Zabaw

JEDNOŚĆ
dla dzieci

Tytuł oryginału: El gran libro de los juegos

Tłumaczenie
Piotr Szufliński

Redakcja i korekta
Agnieszka Jałowiec

Redakcja techniczna
Tomasz Olszewski

ISBN   83-7224-580-0

Wydawnictwo JEDNOŚĆ

25-013 Kielce, ul. Jana Pawła II nr 4

Dział sprzedaży tel. (041) 344 98 63

Redakcja tel. (041) 368 11 10

www.jednosc.com.pl

e-mail: redakcja@jednosc.com.pl

Spis treści

Do rodziców
i nauczycieli

4

Gry i zabawy są głównym zajęciem w okresie wczesnego dzieciństwa i świetną formą rozrywki w całym naszym życiu. Podczas zabawy rozwijamy się fizycznie i emocjonalnie, jednocześnie ćwiczymy zdolności intelektualne i refleks. Jednak przede wszystkim gry i zabawy sprawiają nam przyjemność. Bawiąc się, cieszymy się z towarzystwa innych ludzi - kolegów, koleżanek lub rodziny.

Zabawa to radość z przebywania z bliskimi ludźmi i czas na aktywne poszukiwanie ulubionych rozrywek.

Książka, którą trzymają Państwo w rękach, jest zbiorem gier i zabaw przeznaczonych dla dzieci w wieku od trzech lat, młodzieży i dorosłych. Chcielibyśmy, aby dzięki niej Państwa życie stało się przyjemne w każdych okolicznościach. Zrealizowanie tego celu wcale nie jest trudne, ponieważ w trakcie gry najważniejszą rzeczą jest ochota do zabawy. Niektóre z przedstawionych tu gier nie wymagają, aby dziecko podnosiło się z krzesła, w innych można dużo biegać, lecz są też takie, w których można wykazać się umiejętnością wysławiania się, zręcznością i poczuciem humoru.

Książkę podzielono na trzy główne części zawierające: zabawy intelektualne, zabawy w domu i zabawy na powietrzu. Jest to tylko ogólny podział, bo zabawy te nie mają sztywnych reguł i wszystkie z nich można w razie potrzeby dostosować do konkretnych sytuacji.

Przy każdej zabawie podano jedynie zalecany minimalny wiek jej uczestników, gdyż jesteśmy przekonani, że nie istnieje żadna górna granica wiekowa. Wskazano także ilość uczestników, przybliżony czas trwania gry oraz potrzebne materiały, chociaż w większości przypadków nie są one w ogóle potrzebne.

Mamy nadzieję, że książka ta będzie przydatnym i wygodnym narzędziem, które wykorzystają Państwo do organizowania wolnego czasu i że będzie służyć do tego, do czego powinna: do zabawy.

Josep M. Allué
Kronikarz gier i zabaw

Uwaga: W grach 225, 235, 240 i 243 symbol (*) oznacza, że zabawa powinna być nadzorowana przez osobę dorosłą.

Rozdział 1

ZABAWY INTELEKTUALNE

ZABAWY INTELEKTUALNE

Zabawy słowne

Jest wiele gier i zabaw wymagających umiejętności werbalnych

i szybkiego myślenia. Pytania, zagadki, łamigłówki, itp.

pomagają najmłodszym dzieciom rozszerzyć ich zasób słów,

a dla starszych są nieustannym wyzwaniem.

Ponieważ wszystkie przedstawione w tym rozdziale gry są bardzo krótkie

i nie wymagają żadnych materiałów, można je urządzać w każdym miejscu

i o każdej porze. Dzięki nim długa podróż i oczekiwanie staną się

o wiele krótsze i przyjemniejsze.

1. Głuchy telefon

Cicha zabawa mająca na celu rozbawić dzieci. Trzeba uważnie słuchać tego, co mówią inni uczestnicy gry.

Wiek: od 5 lat
Orientacyjny czas: 2 minuty
Ilość uczestników: 5 lub więcej
Materiały: niepotrzebne

1 Uczestnicy stoją obok siebie lub, gdy jest to niemożliwe, decydują na kogo kolej.

2 Pierwsza osoba szepcze następnej wymyśloną przez siebie wiadomość.

3 Gdy drugi uczestnik wysłucha jej do końca, powtarza ją szeptem następnej osobie tak cicho, jak tylko potrafi.

4 Gdy wiadomość dojdzie do ostatniego dziecka, mówi ono na głos usłyszaną wersję. Podana przez nie wiadomość jest porównywana z wersją wymyśloną przez pierwszego uczestnika zabawy.

2. Co widziałem wczoraj

Świetny sposób na rozbudzanie ciekawości u najmłodszych oraz rozwijanie umiejętności wysławiania się i abstrakcyjnego myślenia.

Wiek: od 5 lat
Orientacyjny czas: 2 minuty
Ilość uczestników: 5 lub więcej
Materiały: niepotrzebne

1 Wybrana osoba będzie odpowiadała na pytania zadawane przez innych.

2 Dziecko, które będzie odpowiadało na pytania, wybiera rzecz, zwierzę lub osobę, którą widziało wczoraj i mówi na przykład: „Wczoraj widziałem zwierzę."

3 Pozostali uczestnicy zabawy zadają pytania, próbując odgadnąć, co dziecko widziało. Na pytania można odpowiadać tylko „tak" lub „nie".

4 Pierwsza osoba, która zgadnie, co widziało dziecko, wybiera nową rzecz, zwierzę lub osobę i teraz ona odpowiada na pytania innych.

3. Przypłynął statek z Hawany

Zabawa słowna wymagająca dużej wyobraźni.

Wiek: od 6 lat
Orientacyjny czas: 2 minuty
Ilość uczestników: 2 lub więcej
Materiały: niepotrzebne

1 Jeden uczestnik zabawy mówi na głos: „Z Hawany przypłynął statek i przywiózł…" i dodaje nazwę produktu, który mógł być przywieziony na statku, na przykład „jabłka".

2 Następna osoba musi wymyślić inny towar, który zaczyna się od tej samej litery, np. „jagody".

3 Jeśli któryś z uczestników zabawy nie potrafi dodać następnej rzeczy, odpada z gry.

4 Osoba, która dotrwała do końca gry, zaczyna ją od nowa od innej litery.

4. Alfabet

Zabawa, która umili czas spędzony podczas podróży samochodem lub pociągiem.

Wiek: od 6 lat
Orientacyjny czas: 10 minut
Ilość uczestników: 2 lub więcej
Materiały: niepotrzebne

1 Jedna osoba wybiera literę mówiąc, np.: „Co zaczyna się na literę… C?"

2 Od tej chwili wszyscy uczestnicy zabawy muszą wskazać coś, co zauważyli i co zaczyna się na tę literę.

3 Gdy dziecko zobaczy coś, co zaczyna się od wybranej litery, mówi to słowo na głos i zdobywa jeden punkt.

4 Zwycięzcą jest osoba, która zdobywa najwięcej punktów przed upływem określonego czasu.

5. Telefon

Zabawna gra w pytania i absurdalne odpowiedzi.

Wiek: od 6 lat
Orientacyjny czas: 2 minuty
Ilość uczestników: 3 lub więcej
Materiały: niepotrzebne

1 Uczestnicy zabawy ustawiają się tak, aby utworzyć koło.

2 Pierwsze dziecko szeptem zadaje pytanie osobie po jego prawej stronie, która następnie odpowiada na nie, również szeptem.

3 Następnie drugie dziecko szepcze pytanie do ucha kolejnej osoby i zapamiętuje odpowiedź, jak gdyby dotyczyło pytania zadanego przez pierwszego uczestnika zabawy.

4 Kolejne dzieci zadają pytania i odpowiadają na nie aż do ostatniej osoby w kółku.

5 Każdy uczestnik zabawy mówi na głos pytanie, które mu zadano i odpowiedź, którą otrzymał, np.: „Z jednej strony dostałem pytanie… a z drugiej strony usłyszałem odpowiedź…" Absurdalne odpowiedzi na pewno wszystkich rozśmieszą.

6. Ostatni i pierwszy

Ta prosta i zabawna gra sprawdza słownictwo i pamięć jej uczestników.

Wiek: od 6 lat
Orientacyjny czas: 10 minut
Ilość uczestników: 2 lub więcej
Materiały: niepotrzebne

2 Pierwsza osoba mówi dowolne słowo, np.: „krzesło".

3 Następny uczestnik musi powiedzieć słowo, które zaczyna się od ostatniej litery tego wyrazu, w tym przypadku jest to „o". Jeśli druga osoba powie „owca", trzeci uczestnik zabawy musi powiedzieć słowo na literę „a".

1 Zdecydujcie, w jakiej kolejności dzieci będą uczestniczyły w zabawie. Po ostatniej osobie pierwszy uczestnik zaczyna następną rundę.

4 Gra trwa tak długo, aż ktoś powtórzy słowo, które wcześniej powiedziała inna osoba.

7. Ani tak, ani nie

Zabawny pojedynek wymagający skupienia uwagi.

Wiek: od 7 lat
Orientacyjny czas: 2 minuty
Ilość uczestników: 2
Materiały: niepotrzebne

1 Przeciwnicy zaczynają grę określając słowa, których nie można powiedzieć podczas zabawy: „Ani tak, ani nie".

2 Od tej chwili uczestnik zadaje drugiej osobie dowolne pytania, próbując sprawić, żeby osoba ta powiedziała zakazane słowa. Odpowiadając na pytania, trzeba bardzo uważać.

3 Pierwsza osoba, która powie „tak" lub „nie" przegrywa, a druga zdobywa punkt.

4 Po zdobyciu każdego punktu można zwiększyć ilość zakazanych słów, aby utrudnić grę. Najpopularniejszymi zakazanymi wyrazami są: „ani tak, ani nie", „ani czarny, ani biały", „ani złoty, ani srebrny", lecz można dodać każdą inną parę słów.

8. Plecak

Gra sprawdzająca pamięć i umiejętność skupienia uwagi.

Wiek: od 7 lat
Orientacyjny czas: 2 minuty
Ilość uczestników: 2 lub więcej
Materiały: niepotrzebne

1 Dzieci ustalają, w jakiej kolejności będą uczestniczyły w grze. Po ostatniej osobie pierwsza zaczyna następną rundę.

2 Pierwsza osoba mówi jakieś słowo, np. „dom".

3 Druga powtarza je i dodaje inne, np. „dom, samolot".

4 Każdy uczestnik musi powtórzyć w odpowiedniej kolejności wszystkie wypowiedziane wcześniej słowa i dodać nowy wyraz. Im więcej osób uczestniczy w zabawie i im więcej wyrazów trzeba powtórzyć, tym gra stopniowo staje się coraz trudniejsza, ponieważ zapamiętanie kolejności wszystkich słów staje się coraz trudniejsze.

5 Gdy ktoś popełni błąd, inne osoby mogą mu pomóc. Gra kończy się, gdy nikt nie potrafi powtórzyć wszystkich słów.

9. Ogród

Dzieci będą musiały przypomnieć sobie wszystkie warzywa, jakie znają, jeśli chcą grać dalej.

Wiek: od 7 lat
Orientacyjny czas: 2 minuty
Ilość uczestników: 3 lub więcej
Materiały: niepotrzebne

1 Osoba dorosła mówi na głos nazwę jakiegoś warzywa.

2 W odpowiedzi dzieci muszą powiedzieć „nad", jeśli warzywo rośnie nad ziemią (sałata, fasola, itp.) lub „pod", jeśli rośnie pod ziemią (ziemniak, rzodkiewka, marchewka, itp.).

3 Osoba, która poda nieprawidłową odpowiedź, odpada z gry i musi odczekać jedną kolejkę, zanim będzie mogła dalej grać.

4 W następnej rundzie można mówić o zwierzętach. Uczestnicy muszą odpowiedzieć „powietrze", „ziemia" lub „woda" w zależności od tego, gdzie zwierzę żyje.

10. Kojarzenie słów

Spokojna gra polegająca na kojarzeniu słów.

Wiek: od 7 lat
Orientacyjny czas: 10 minut
Ilość uczestników: 2 lub więcej
Materiały: niepotrzebne

1 Gra zaczyna się, gdy wybrana osoba mówi pierwsze słowo, które przychodzi jej do głowy, np.: „piłka".

2 Następne dziecko musi powiedzieć inne słowo, w jakiś sposób związane z poprzednim. W tym przypadku może to być na przykład: „kopać".

3 Uczestnicy mówią kolejne wyrazy, dopóki ktoś nie powtórzy użytego wcześniej słowa.

4 Jeśli ktoś nie rozumie związku między dwoma słowami, może poprosić poprzednią osobę

o wyjaśnienie skojarzenia. Jeśli osoba ta nie potrafi przekonać grupy, przegrywa i gra zaczyna się od nowa.

11. Przeciwieństwa

Aby grać w „Przeciwieństwa", trzeba szybko myśleć i znajdywać związki między pojęciami.

Wiek: od 8 lat
Orientacyjny czas: 10 minut
Ilość uczestników: 2 lub więcej
Materiały: niepotrzebne

---

1 Dowolna osoba zaczyna grę mówiąc słowo, które ma swoje przeciwieństwo, np. „dzień".

2 Drugi uczestnik zabawy musi w odpowiedzi podać wyraz o przeciwnym znaczeniu, w tym przypadku „noc".

3 Osoba, która pierwsza poda odpowiedź, mówi nowe słowo.

4 Jeśli ktoś powie wyraz, który nie ma swojego przeciwieństwa, np. „ołówek", pierwsza osoba, która zwróci na to uwagę, zaczyna nową rundę.

12. Od jednej cytryny i połowy cytryny

Zabawa grupowa wymagająca koncentracji i umiejętności szybkiego mówienia bez przejęzyczenia się.

Wiek: od 8 lat
Orientacyjny czas: 10 minut
Ilość uczestników: 5 lub więcej
Materiały: niepotrzebne

---

1 Każdy uczestnik zabawy otrzymuje swój numer. Osoba z numerem „jeden" zaczyna grę, mówiąc: „Od jednej cytryny i połowy cytryny do czterech cytryn i połowy cytryny".

2 Uczestnik z wypowiedzianym przez tę osobę numerem, w tym przypadku cztery, musi odpowiedzieć w ten sam sposób, najpierw mówiąc swój numer, a potem numer któregoś z uczestników gry. Na przykład: „Od czterech cytryn i połowy cytryny do trzech cytryn i połowy cytryny" i tak dalej.

3 Gdy wywołana osoba nie odpowiada lub pomyli się, odpada z gry, a jej numer przechodzi na dziecko po jej prawej stronie.

4 Zwycięzcą zostaje osoba, która nie popełniła żadnego błędu.

13. Zdanie

Zabawa pobudzająca wyobraźnię do układania nie-samowitych historii.

Wiek: od 8 lat
Orientacyjny czas: 10 minut
Ilość uczestników: 3 lub więcej
Materiały: niepotrzebne

1 Każdy uczestnik zabawy mówi na głos różne czasowniki, aż powstanie seria złożona z czterech lub pięciu słów, np. „biec - jeść - fruwać - wpaść".

2 W określonym czasie (dwie lub trzy minuty) wszyscy uczestnicy zabawy muszą wymyślić krótką historyjkę, w której wszystkie wymienione czasowniki pojawią się w tej samej kolejności, bez dodawania innych. W tym przypadku historyjka może brzmieć tak: „Kurczak biegł tak szybko, żeby zjeść ziarna, że przefrunął nad płotem i wpadł w piasek".

3 Gdy upłynie wyznaczony czas, każdy mówi wymyśloną przez siebie historyjkę.

4 Można także dawać jeden punkt osobie, która jako pierwsza skończy zdanie, a potem podliczyć punkty, żeby wyłonić zwycięzcę.

14. Tworzenie słów

Nieco skomplikowana zabawa wymagająca dość szybkiego myślenia i dobrego słownictwa.

Wiek: od 9 lat
Orientacyjny czas: 2 minuty
Ilość uczestników: 2 lub więcej
Materiały: niepotrzebne

1 Uczestnicy zabawy ustalają swoją kolejność w grze. Po ostatniej osobie grę kontynuuje pierwsza.

2 Pierwsza osoba mówi literę, np. „S".

3 Następna dodaje kolejną literę, np. „A" i mówi je razem: „SA". Dodając literę, trzeba wymyślić znane przez wszystkich słowo, zaczynające się od tych liter.

4 Kolejni uczestnicy zabawy dodają nowe litery, aż powstanie cały wyraz. Potem każdy mówi słowo, które miał na myśli dodając swoją literę, żeby sprawdzić, czy było to słowo, które powstało na końcu gry.

15. Inicjały

Dzieci mają okazję popisać się swoją wyobraźnią przy układaniu dziwnych i śmiesznych zdań.

Wiek: od 9 lat
Orientacyjny czas: 2 minuty
Ilość uczestników: 2 lub więcej
Materiały: niepotrzebne

1 Jedna osoba wybiera dowolną literę, np. „K" i mówi ją na głos.

2 Teraz wszyscy mają minutę na wymyślenie zdania zawierającego jak najwięcej wyrazów zaczynających się na tę literę. W tym przypadku może to być zdanie: „Karol i Krysia kupili kiedyś keczup i kilo kiełbasy dla kolegi Krzysia".

3 Następnie wszyscy mówią swoje zdania, a zwycięzcą w grze jest osoba, która w swoim zdaniu użyła najwięcej wyrazów zaczynających się na tę

literę. Zdania mogą być pozbawione sensu, ale muszą być poprawnie ułożone.

4 Zwycięzca pierwszej gry wybiera literę potrzebną do następnej zabawy.

16. Straż graniczna

W tej zabawie potrzebna jest umiejętność wyciągania wniosków, żeby odgadnąć zasady wymyślone przez innych uczestników gry.

Wiek: od 9 lat
Orientacyjny czas: 10 minut
Ilość uczestników: 4 lub więcej
Materiały: niepotrzebne

1 Jedna osoba wychodzi z pokoju lub zakrywa uszy, gdy inni ustalają zasady przekraczania wymyślonej granicy.

2 Po ustaleniu zasad uczestnicy zabawy odpowiadają „tak" lub „nie" na pytania kolegów i koleżanek. Zasady te dotyczą przedmiotów, które pomogą dziecku przekroczyć granicę. Przykładowo, nie można przekroczyć granicy „przy pomocy" słów zakończonych na samogłoskę, ale można to zrobić przy pomocy słów zakończonych na spółgłoskę albo

nie można z dużymi przedmiotami, lecz można z małymi.

3 Wybrana na początku zabawy osoba musi odgadnąć zasady, zadając pytania takie jak: „Czy przy przekroczeniu granicy pomoże mi... kapelusz?" Pozostali mogą odpowiadać tylko „tak" lub „nie".

4 Zabawa kończy się wtedy, gdy osoba odgadnie zasady lub błędnie wymieni trzy przedmioty.

17. Języki

Wszyscy muszą mówić w wymyślonym przez siebie języku, ale powinni też zrozumieć to, co mówią inni.

Wiek: od 9 lat
Orientacyjny czas: 10 minut
Ilość uczestników: 2 lub więcej
Materiały: niepotrzebne

1 Każdy z uczestników zabawy ma określony czas na wymyślenie własnego języka opartego na jednej literze.

2 Języki tworzy się przez wstawienie po każdej sylabie wybranej litery i samogłoski występującej w tej sylabie. Na przykład, jeśli wybierzemy literę „p", ze słowa „kolega" powstanie „ko-po-le-pe-ga-pa".

3 Gdy wszyscy utworzyli swój własny język, zaczynają ze sobą rozmawiać. Trzeba bardzo skoncentrować swoją uwagę, żeby zrozumieć, co mówią inni.

18. A gdybym był ptakiem?

Ta zabawna gra pokazuje, jak jesteśmy spostrzegani przez innych ludzi.

Wiek: od 10 lat
Orientacyjny czas: 10 minut
Ilość uczestników: 5 lub więcej
Materiały: niepotrzebne

1 Grupa wybiera dwie osoby: jedną, która będzie opisywana i drugą, która nie wie, kto będzie opisywany i musi zgadnąć, kto to jest.

2 Żeby zgadnąć, kto jest opisywany, druga osoba zadaje pytania, porównując ją z różnymi rzeczami. Na przykład: „Gdyby była zwierzęciem, to jakim?"

3 W swoich odpowiedziach grupa powinna odpowiednio przedstawić wygląd, charakter, upodobania i inne cechy wybranej osoby.

4 Osoba zgadująca może zadać tyle pytań, ile chce, ale ma tylko jedną szansę odgadnięcia o kogo chodzi.

1.2

16

Zabawy na spostrzegawczość

W tych zabawach liczy się spostrzegawczość.

Na co ona się patrzy? Co ja widzę?

Na te pytania musicie odpowiedzieć.

Niezwykle ważna jest tu czujność i wrażliwość na szczegóły.

Te gry zainteresują i rozbawią małych i dużych graczy.

19. Gdzie to jest?

Trudna zabawa w szukanie przedmiotów, w której liczy się opanowanie i odnalezienie niezwykłych schowków.

Wiek: od 4 lat
Orientacyjny czas: 10 minut
Ilość uczestników: 3 lub więcej
Materiały: niewielki przedmiot

1 Wybierz jakiś przedmiot do schowania oraz osobę, która może go schować tam, gdzie chce.

2 Wszyscy zakrywają oczy rękami, a wybrana osoba chowa przedmiot. Nie powinien on być całkowicie ukryty, uczestnicy zabawy powinni móc go dostrzec bez wstawania z miejsca.

3 Po ukryciu przedmiotu dzieci zaczynają go szukać.

4 Szukający mogą się dowolnie obracać i wychylać, ale nie mogą wstać z miejsca, na którym siedzą.

5 Gdy ktoś zauważy przedmiot, cicho mówi, gdzie on jest osobie, która go ukryła i czeka, aż inni też go zauważą.

6 Gra kończy się, gdy wszyscy znajdą przedmiot.

ZABAWY INTELEKTUALNE   **1.2** Zabawy na spostrzegawczość

20. Widzę, widzę

Cicha zabawa na każdą porę.

Wiek: od 4 lat
Orientacyjny czas: 2 minuty
Ilość uczestników: 2 lub więcej
Materiały: niepotrzebne

1 Jedna osoba wybiera sobie jeden przedmiot, który widzi i mówi na głos: „Widzę, widzę!"

2 Pozostali uczestnicy zabawy pytają: „Co widzisz?"

3 Każdy po kolei zadaje pytanie, próbując odgadnąć, co pierwsza osoba ma na myśli. Odpowiedzi mogą brzmieć tylko „tak" lub „nie".

4 Po każdej odpowiedzi „tak" osoba pytająca może spróbować zgadnąć, o który przedmiot chodzi. Pierwsza osoba, która zgadnie poprawnie, wymyśla następny przedmiot.

21. Okno

Tę emocjonującą dla najmłodszych dzieci grę powinna poprowadzić osoba dorosła.

Wiek: od 5 lat
Orientacyjny czas: 10 minut
Ilość uczestników: 3 lub więcej
Materiały: strona z gazety, nożyczki, małe przedmioty

1 Wytnij dziurę o średnicy ok. 1,5 cm na środku strony z gazety.

2 Połóż mały przedmiot pod gazetą tak, aby dzieci go nie widziały i żeby przez dziurkę widać było tylko jego niewielki fragment. Dobrze jest wybrać bardzo małe przedmioty i na początku pokazywać grającym najtrudniej rozpoznawane części.

3 Dzieci patrzą przez dziurkę i zgadują, jaki to przedmiot.

4 Za każdym razem, gdy się pomylą, nieznacznie przesuwamy dziurkę, żeby pokazać trochę więcej przedmiotu.

1.2 Zabawy na spostrzegawczość

ZABAWY INTELEKTUALNE

22. Zapamiętywanie

W tej zabawie podniecenie wzrasta wraz z postępem gry, gdy pozostaje coraz mniej przedmiotów do nazwania.

Wiek: od 5 lat
Orientacyjny czas: 10 minut
Ilość uczestników: 3 lub więcej
Materiały: 10 małych przedmiotów (klucz, moneta, pierścionek, itp.), chustka lub obrus

1 Prowadzący zabawę wybiera 10 przedmiotów i pokazuje je uczestnikom gry przez 30 sekund. Przez ostatnie 10 sekund odlicza do zera, żeby zwiększyć ich podniecenie.

2 Po upływie wyznaczonego czasu prowadzący przykrywa przedmioty chustką.

3 Każdy po kolei nazywa jeden z przykrytych przedmiotów, bez powtarzania tych, które już wymieniono.

4 Gra kończy się, gdy nikt nie pamięta więcej przedmiotów lub gdy wszystkie zostały już wymienione.

23. Nie powtarzaj

Świetna gra na ćwiczenie czujności i pamięci.

Wiek: od 6 lat
Orientacyjny czas: 2 minuty
Ilość uczestników: 2 lub więcej
Materiały: niepotrzebne

1 Wybieramy osobę zaczynającą zabawę, która wymienia przedmiot, który widzi.

2 Uczestnicy zabawy wymieniają po kolei różne przedmioty, uważając, żeby nie powtórzyć któregoś z nazwanych wcześniej.

3 Po kilku rundach jest bardzo trudno zapamiętać, które przedmioty już zostały wymienione. Pierwsza osoba, która powtórzy przedmiot przegrywa.

4 Trudniejsza odmiana tej gry polega na tym, żeby nie wymieniać przedmiotów, które stykają się z wcześniej nazwanymi przedmiotami.

24. Zaczarowanie przez mrugnięcie

Emocjonująca gra, w której każdy próbuje odkryć, kto jest czarownikiem i stara sie uniknąć zaczarowania.

Wiek: od 6 lat
Orientacyjny czas: 10 minut
Ilość uczestników: 6 lub więcej
Materiały: niepotrzebne

1 Wszyscy siadają w kole tak, aby każdy mógł widzieć twarze wszystkich uczestników zabawy.

2 Jedna osoba wycina po jednej karteczce dla każdego z graczy.

3 Następnie tylko na jednej z nich pisze znak „X".

4 Karteczki składa się na cztery i rozdaje każdej osobie.

5 Każdy ogląda swoją karteczkę tak, aby inni jej nie zobaczyli. Osoba, która dostała karteczkę ze znakiem „X" jest czarownikiem.

6 Czarownik ma za zadanie zaczarować pozostałych uczestników zabawy, mrugając do nich potajemnie i starając się, żeby nikt tego nie dostrzegł. Gdy ktoś zauważy, że pewna osoba mruga do niego, głośno daje znać, że został zaczarowany i odpada z gry.

7 Każdy próbuje odkryć, kto jest czarownikiem, więc on musi mrugać niezwykle ostrożnie. Jeśli ktoś niesłusznie oskarży inną osobę, odpada z gry.

8 Czarownik wygrywa grę, jeśli zaczaruje wszystkich graczy, zanim ktoś zdoła go zidentyfikować.

25. Przebieramy się

Prawdziwy test na pamięć fotograficzną, który jest najlepszy zimą, gdy każdy nosi więcej ubrań i dodatków.

Wiek: od 7 lat
Orientacyjny czas: 10 minut
Ilość uczestników: 4 lub więcej
Materiały: niepotrzebne

1 Jedna osoba patrzy na pozostałe przez minutę, uważnie obserwując ich ubrania i inne rzeczy, takie jak zegarki, bransoletki, kolczyki, itp.

2 Następnie osoba ta zakrywa oczy, a inni wymieniają się między sobą dowolnymi ubraniami i dodatkami.

3 Po skończeniu wymiany pozwalają pierwszej osobie otworzyć oczy i mówią jej, ile rzeczy zmieniło swojego właściciela, nie wymieniając które.

4 Gdy pierwsza osoba zauważy coś, co wcześniej należało do kogoś innego, mówi czyja jest ta rzecz i wraca ona do swojego właściciela. Aby wygrać w tej zabawie, osoba musi zwrócić wszystkie rzeczy ich właścicielom.

26. Klucz

Dość skomplikowana, lecz interesująca zabawa polegająca na dedukcji.

Wiek: od 8 lat
Orientacyjny czas: 10 minut
Ilość uczestników: 8 lub więcej
Materiały: niepotrzebne

1 Jedna osoba wychodzi z pokoju, natomiast inni ustalają reguły dotyczące odpowiadania „tak" lub „nie", w zależności od jakiejś cechy osoby odpowiadającej na pytanie. Na przykład mówimy „tak", jeśli mamy jedną nogę założoną na drugą i „nie", jeśli nogi nie są skrzyżowane albo „tak" mówi ktoś, kto nosi okulary, a „nie" ktoś, kto ich nie nosi.

2 Osoba zadająca pytania wraca do pokoju i zaczyna „przesłuchiwać" wszystkich po kolei. Może zadać dowolną ilość pytań, ale osoby odpowiadające mogą mówić tylko „tak" lub „nie".

3 Analizując odpowiedzi, osoba zadająca pytania ma trzy szanse, żeby zgadnąć, jakie ustalono reguły.

27. Dyrygent

Osoba dyrygująca orkiestrą wykonuje potajemne gesty, próbując utrudnić zadanie obserwatora.

Wiek: od 8 lat
Orientacyjny czas: 10 minut
Ilość uczestników: 8 lub więcej
Materiały: niepotrzebne

1 Losujemy jedną osobę. Wylosowany gracz musi wyjść z pokoju.

2 Pozostali siadają w kole na podłodze.

3 Jeden z nich zostaje wybrany dyrygentem orkiestry. Należy zrobić to cicho, żeby osoba, która wyszła z pokoju, nie dowiedziała się, kto jest dyrygentem.

4 Dyrygent ma za zadanie pokazać na migi grę na jakimś instrumencie. Pozostali muszą go naśladować.

5 Osoba, która wyszła z pokoju, siada w środku koła i próbuje znaleźć dyrygenta.

6 Dyrygent niepostrzeżenie zmienia pokazywane instrumenty. Jeśli jest zidentyfikowany, zostaje następną osobą, która będzie szukać nowego dyrygenta.

28. Tajemnicze zdjęcie

Zalecamy, żeby tę zabawę poprowadziła osoba dorosła; dzieci zgadują, co jest na zdjęciu.

Wiek: od 8 lat

Orientacyjny czas: 30 minut

Ilość uczestników: 3 lub więcej

Materiały: zdjęcie lub fotokopia (świetnie nadają się do tego niektóre zdjęcia z czasopism i gazet), kartka papieru lub kawałek tektury tego samego rozmiaru, nożyczki

1 Wybieramy zdjęcie z czasopisma lub gazety, które jest co najmniej tak duże, jak kartka papieru.

2 Kartkę papieru tniemy na tyle kawałków w kształcie kwadratu, żeby zakryły zdjęcie. Jeden róg każdego kwadratu jest podgięty do góry, żeby można go było łatwo podnosić.

3 Przykrywamy fotografię kwadratami i pozwalamy dzieciom na nią spojrzeć.

4 Każdy uczestnik zabawy może odsłonić kolejny fragment zdjęcia, zdejmując z niego jeden kwadrat. Należy zachować dużą ostrożność przy zgadywaniu, ponieważ każdy ma tylko jedną szansę.

5 Dzieci zdejmują kwadraty z fotografii do czasu, aż ktoś zgadnie, co ona przedstawia.

1.3

Zabawy z ołówkiem i kartką papieru

Zwykłą kartką papieru i ołówkiem można się w nieskończoność bawić w gry

losowe, strategiczne i słowne. Do znakomitej zabawy wystarczy tylko zeszyt

i chętni do zabawy koledzy i koleżanki.

Większość z tych zabaw jest przeznaczona dla niewielu graczy

i wymaga tylko cichego miejsca, gdzie można usiąść. Jeśli jednak macie tablicę

lub podobny przedmiot, może w nich uczestniczyć wiele osób,

nie tylko dzieci.

29. Kółko i krzyżyk

Znana gra, lubiana nawet przez małe dzieci za jej prostotę i szybkość. Starsi zazwyczaj kończą ją remisem.

Wiek: dzieci w wieku 5-7 lat i starsze
Orientacyjny czas: 2 minuty
Ilość uczestników: 2
Materiały: ołówek i kartka papieru

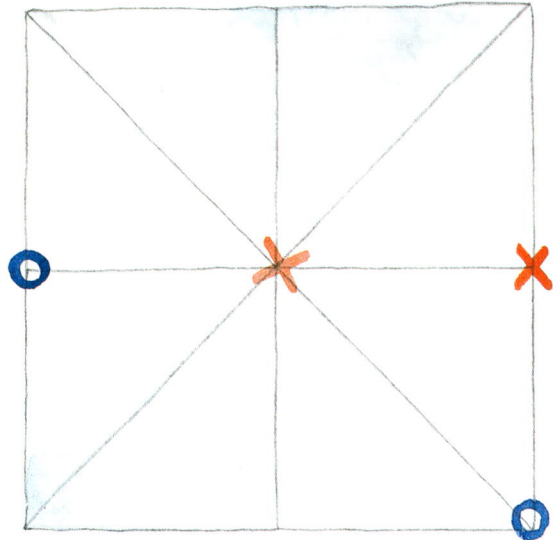

1 Na kartce papieru narysuj kwadrat z czterema liniami tak, jak na rysunku.

2 Każdy gracz wybiera swój znak: O albo X.

3 Każdy gracz po kolei rysuje swój symbol na miejscu przecięcia się linii, próbując narysować trzy znaki na jednej linii: poziomo, pionowo lub na ukos. Jednocześnie trzeba uważać, żeby druga osoba nie zrobiła tego przed nami.

4 Pierwsza osoba, która osiągnie ten cel, wygrywa grę. W razie remisu gracze rozgrywają następną partię.

30. Łapanie much

Bardzo prosta zabawa polegająca na obliczaniu odległości.

Wiek: od 6 lat
Orientacyjny czas: 2 minuty
Ilość uczestników: 2
Materiały: ołówek i kartka papieru

1 Kartkę o wymiarach 29,7 x 21 cm składamy na pół. Następnie rozkładamy ją i jedna osoba rysuje muchę na jednej połowie.

2 Kartkę składamy na pół jeszcze raz tak, żeby zakryć muchę, a druga osoba rysuje małe koło tak, żeby mucha znalazła się w jego środku. Linię okręgu trzeba narysować kilka razy, żeby powstał wyraźny znak na tej stronie kartki, gdzie narysowano muchę.

3 Rozkładamy kartkę, żeby sprawdzić, czy znak kółka otacza muchę lub czy jakaś część muchy znajduje się poza okręgiem. Jeśli mucha została „złapana", osoba, która narysowała kółko, wygrywa.

4 Jeśli mucha nie została „złapana", ta sama osoba rysuje jeszcze jedno kółko. Rysujący musi złapać muchę, by wygrać.

31. Blokowanie

W tej grze sprawdzamy, kto lepiej potrafi przewidzieć ruchy przeciwnika.

Wiek: od 6 lat
Orientacyjny czas: 2 minuty
Ilość uczestników: 2
Materiały: papier w kratkę i 2 kredki w różnych kolorach

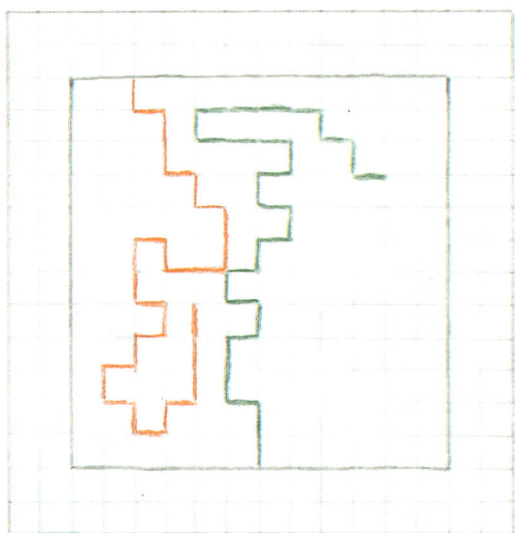

1 Gracze wybierają swoje kolory. Na kartce papieru rysujemy pole do gry.

2 Jedna osoba rysuje krótki odcinek wzdłuż krawędzi kwadratu, a druga robi to samo na innym kwadracie.

3 Następnie gracze po kolei dodają kolejne odcinki na końcach swoich linii, bez wychodzenia poza pole gry i bez przecinania linii przeciwnika.

4 Każdy gracz musi starać się zablokować przeciwnika, żeby nie mógł przedłużyć swojej linii, gdy będzie jego kolejka. Wygrywa pierwsza osoba, której uda się zablokować przeciwnika.

32. Wróżby

Prosta zabawa w składanie kartki papieru, która rozbawi najmłodszych.

Wiek: od 6 lat
Orientacyjny czas: 10 minut
Ilość uczestników: 1
Materiały: kredki i kartka papieru

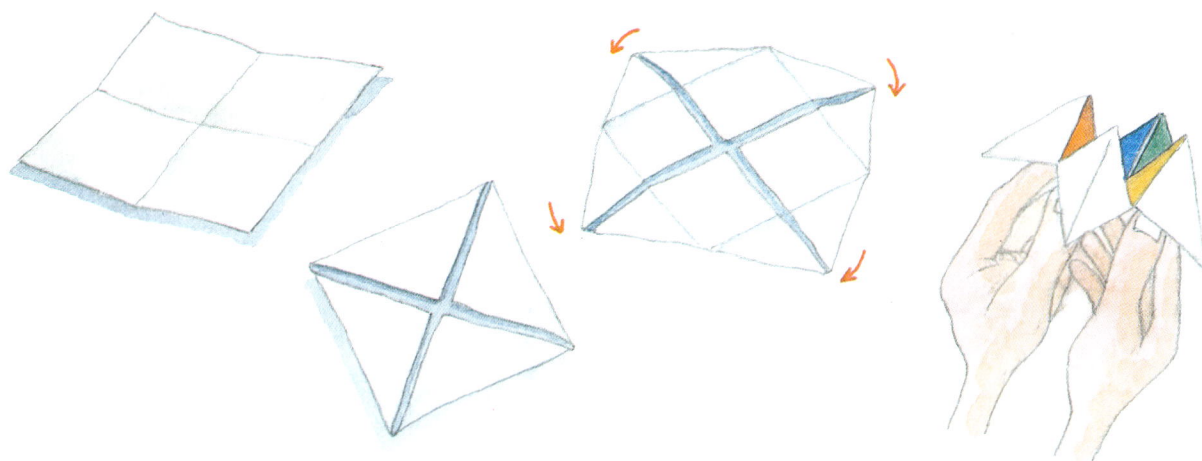

1 Kartkę papieru w kształcie kwadratu należy kilkakrotnie złożyć tak, jak pokazano na rysunku.

2 Pokoloruj środek każdego trójkąta, używając różnych kolorów, a pod trójkątem napisz jakiś przymiotnik, np. „atrakcyjny", „mądry", „miły" lub inny.

3 Przy pomocy obu kciuków i obu palców wskazujących zamknij powstałą w ten sposób figurę tak, aby powstał czubek i poproś, żeby ktoś powiedział ci jakiś numer. Następnie otwórz i zamknij papierową „buzię" tyle samo razy.

4 Po skończeniu odliczania, poproś tę osobę niech wybierze jeden z czterech widocznych kolorów. Następnie podnieś karteczkę z wybranym kolorem i przeczytaj, co jest pod nią napisane.

33. Potwory

Rysunki, które wszystkich rozśmieszą i pobudzą wy-obraźnię.

Wiek: od 7 lat
Orientacyjny czas: 10 minut
Ilość uczestników: 2 lub więcej
Materiały: kredka i kartka papieru

1 Weź kartkę papieru o długości ok. 20 cm i złóż ją na trzy równe części. Narysuj dwie krótkie kreski prostopadle do każdej linii złożenia.

2 Jedna osoba rysuje głowę na górnej części kart-ki tak, żeby szyja pasowała do narysowanych wcześniej kresek. Potem składa kartkę tak, żeby gło-wa była schowana i daje kartkę drugiej osobie.

3 Następna osoba rysuje tułów z szyją pasującą do kresek na górze i talią odpowiednio do kre-sek na dole. Można narysować taki tułów, jaki tylko się chce.

4 Ostatnia osoba rysuje potwora od pasa w dół. Gdy skończy, rozkładamy kartkę i rysunek jest już gotowy.

34. Nim

Ta zabawa pochodzi ze Wschodu i można w niej wykorzystać małe przedmioty albo - tak jak tu - ołówek i kartkę papieru.

Wiek: od 7 lat
Orientacyjny czas: 2 minuty
Ilość uczestników: 2
Materiały: ołówek i kartka papieru

1 Narysuj kreski w grupach składających się z trzech, czterech lub pięciu kresek, jak na rysunku. Ilość grup jest dowolna.

2 Każdy gracz po kolei wykreśla dowolną ilość kresek w jednej grupie.

3 Zwycięża osoba, która skreśli ostatnią kreskę.

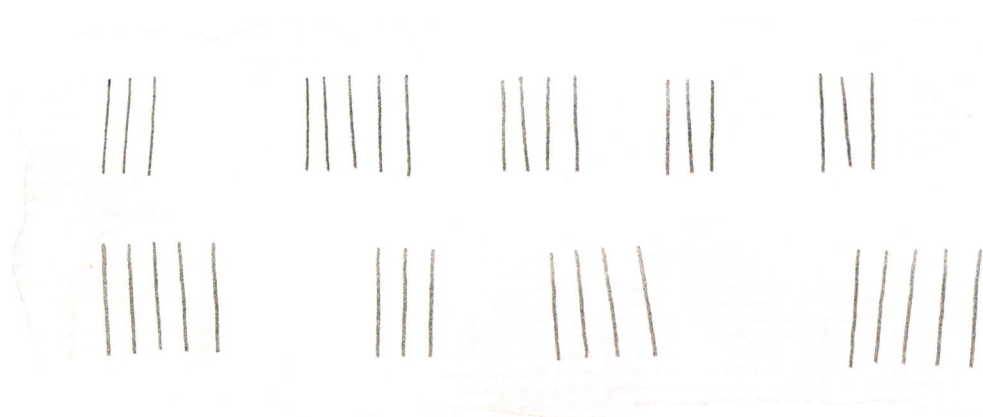

35. Kwadraty

Jedna z najprostszych gier strategicznych.

Wiek: od 7 lat
Orientacyjny czas: 10 minut
Ilość uczestników: 2
Materiały: ołówek i kartka papieru w kratkę

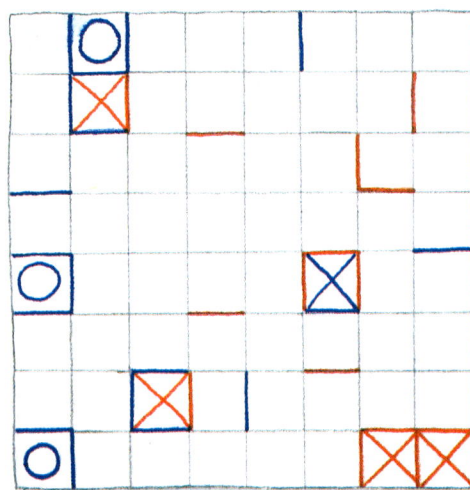

1 Narysuj duży kwadrat, który wyznacza granice pola gry.

2 Gracze po kolei starają się odrysować ołówkiem krawędzie małych kwadracików.

3 Gdy komuś uda się zamknąć kwadracik, oznacza go swoim symbolem: O albo X i pierwszy kontynuuje grę. Jeśli zamknie jeszcze jeden kwadrat, robi to samo.

4 Trzeba starać się rysować linie w takim miejscu, żeby przeciwnik nie mógł zamknąć kwadratu. W miarę postępu gry jest to coraz trudniejsze, aż w końcu staje się niemożliwe.

5 Gdy pole gry jest zapełnione, zwycięża ten, kto zdobył więcej kwadracików.

36. Zaskakujące zdania

Idealna gra dla dzieci, które niedawno nauczyły się pisać, ponieważ zachęca je do pisania w prosty i zabawny sposób. O ile jest to możliwe, zabawę powinna poprowadzić osoba dorosła.

Wiek: od 7 lat
Orientacyjny czas: 10 minut
Ilość uczestników: 3 lub więcej
Materiały: długopis i kartka papieru

1 Osoba prowadząca zabawę daje kartkę papieru i długopis pierwszemu dziecku i zadaje pytanie: „kto?". Dziecko pisze nazwę własną lub rzeczownik, np. „pies". Potem składa kartkę, żeby zakryć napisane przez siebie słowo i podaje kartkę następnej osobie.

2 Prowadzący pyta ją: „co robi?". Osoba ta pisze odpowiedź, np. „tańczy", nie wiedząc kto to robi. Następnie składa kartkę tak, jak poprzedni gracz i podaje ją dalej.

3 Prowadzący kontynuuje zabawę, pytając np. „gdzie jest?", „z kim jest?" lub „kiedy", aby wydłużyć zdanie.

4 Gdy wszyscy odpowiedzieli na pytania, prowadzący rozkłada kartkę i czyta zdanie na głos. Na pewno będzie tak dziwaczne, że wszyscy wybuchną śmiechem. Można też poprosić, aby dzieci przedstawiły treść zdania na rysunku.

37. OXO

„OXO" to wciągająca gra strategiczna oparta na grze w „Kółko i krzyżyk" i rozgrywana na kwadratowych polach.

Wiek: od 7 lat
Orientacyjny czas: 10 minut
Ilość uczestników: 2
Materiały: kartka papieru w kratkę i dwa długopisy w różnych kolorach

---

1 Na kartce papieru w kratkę wyznacz granice pola gry.

2 Każdy gracz po kolei wpisuje O lub X w kwadraciki.

3 Gdy komuś uda się dokończyć linię składającą się z liter OXO, osoba ta skreśla ją swoim długopisem, zdobywa jeden punkt i gra dalej.

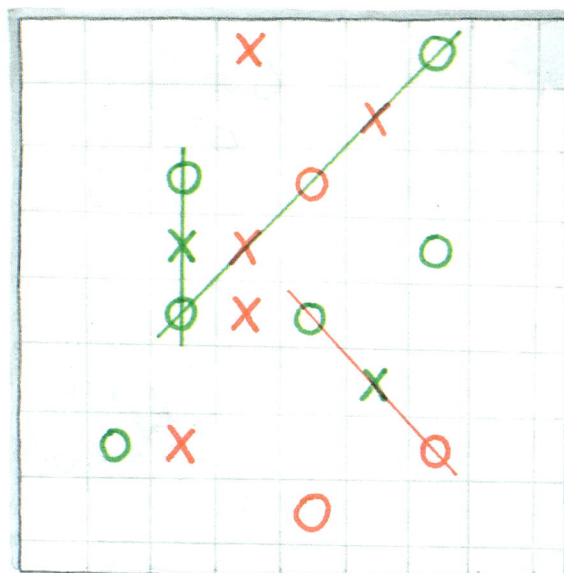

4 Zwycięża gracz, który zdobył najwięcej punktów, gdy nie ma już wolnych kwadracików.

38. Ukryte słowo

Ekscytująca gra w zgadywanie słów, w której trzeba uważnie wybierać litery.

Wiek: od 7 lat
Orientacyjny czas: 10 minut
Ilość uczestników: 2 lub więcej
Materiały: długopis i kartka papieru

---

1 Jeden gracz wymyśla słowo i zapisuje tylko pierwszą i ostatnią literę, natomiast w miejsce pozostałych rysuje poziomą kreskę. Na przykład w przypadku słowa „kolega" zapisujemy „k_ _ _ _ a".

2 Pozostali gracze po kolei zgadują brakujące litery.

3 Jeśli uda im się zgadnąć jakąś literę, pierwszy gracz wpisuje ją w odpowiednim miejscu. Jeśli się jednak pomylą, stopniowo dorysowuje kreski, z których składa się przedstawiony obok rysunek szubienicy. Gracz ten dorysowuje jedną kreskę za każdą błędnie podaną literę.

4 Można pomylić się jedenaście razy. Szubienica składa się z pięciu kresek, a powieszony człowiek z sześciu.

5 Jeśli rysunek skazańca zostanie dokończony przed uzupełnieniem brakujących liter, gracze zgadujący litery przegrywają.

39. Wyścig z kredkami

W tej spokojnej grze potrzebna jest duża zręczność.

Wiek: od 8 lat
Orientacyjny czas: 10 minut
Ilość uczestników: 2
Materiały: kartka papieru i 2 kredki
w różnych kolorach

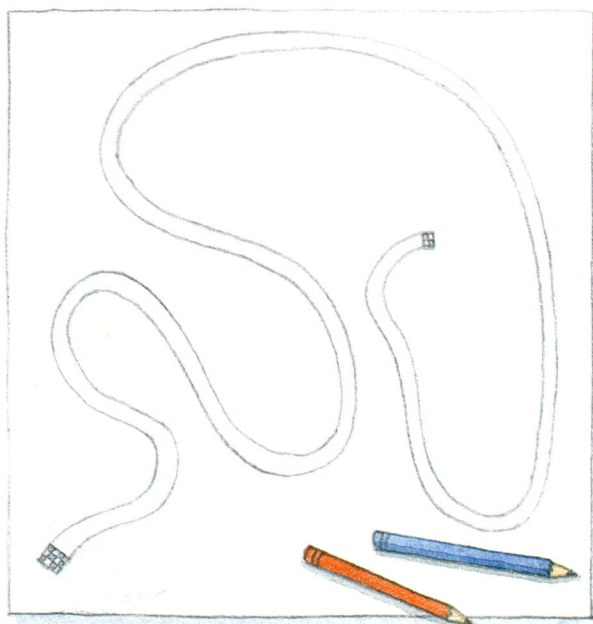

1 Na kartce papieru narysuj tor wyścigowy o szerokości 1 cm.

2 Każdy gracz po kolei umieszcza swoją kredkę na linii startu, trzymając ją pionowo koniuszkiem palca. Następnie musi popchnąć ją po torze, żeby zrobić ślad na papierze, zanim kredka się przewróci.

3 W następnej kolejce gracz dalej zmierza do mety, zaczynając o punktu, gdzie skończył się ślad lub tam, gdzie kredka wyszła poza tor.

4 Wygrywa osoba, której kolor pierwszy przetnie linię mety.

40. Statki

Bitwa morska na papierze. W tej niegroźnej batalii liczą się taktyka i szczęście.

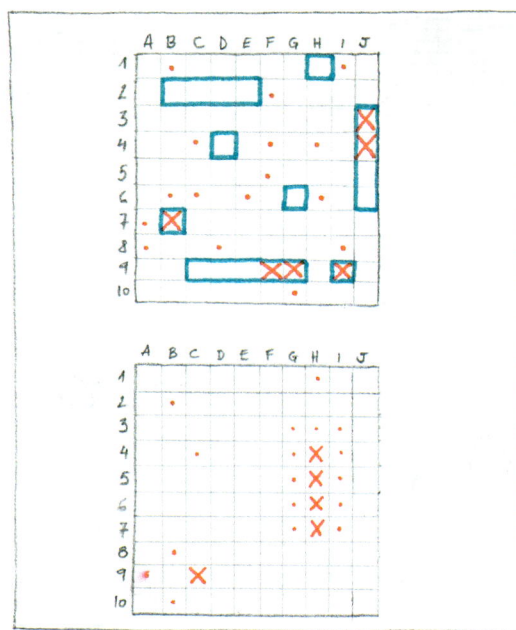

Wiek: od 8 lat
Orientacyjny czas: 10 minut
Ilość uczestników: 2
Materiały: kartka papieru i 2 długopisy

1 Każdy z graczy rysuje na swojej kartce dwie siatki w kształcie kwadratu, którego boki mają długość dziesięciu kwadracików. Nad każdym kwadracikiem u góry obu siatek piszemy litery od A do J. Każdy wiersz numerujemy od 1 do 10, wpisując liczby po lewej stronie siatki. Teraz każdy kwadrat ma swoją literę i numer. Pole D3 jest w miejscu, gdzie kolumna D przecina wiersz 3.

2 Każdy gracz rysuje następujące statki na jednej z siatek: lotniskowiec zajmujący pięć kwadratów, 2 niszczyciele, z których każdy składa się z czterech pól oraz pięć fregat zajmujących po jednym kwadracie każda. Statki zaznacza się przez narysowanie prostokąta lub kwadratu o odpowiednich rozmiarach tak, żeby drugi gracz tego nie widział. Statki nie mogą dotykać się bokiem ani rogiem.

3 Gdy pole walki jest gotowe, jedna osoba mówi literę i numer dowolnego kwadracika, a druga szuka tego pola na swojej mapie i odpowiada „pudło", jeśli pole jest puste albo „trafiony", jeśli jest

na nim jakiś statek. Jeśli przeciwnik trafi wszystkie kwadraty, na których jest statek, mówimy „trafiony i zatopiony".

4 Gracz, który „strzelił", zapisuje wynik na drugiej mapie. Jeśli spudłował, na odpowiednim polu zapisuje kropkę. Jeśli trafił w statek przeciwnika, zapisuje X i strzela jeszcze raz, dopóki nie spudłuje. Wtedy strzela druga osoba.

5 Wygrywa ten, kto pierwszy zatopi wszystkie statki przeciwnika.

41. Szyfry

W tej pasjonującej grze trzeba wymyślić własny szyfr i spróbować rozszyfrować inne.

Wiek: od 9 lat
Orientacyjny czas: 10 minut
Ilość uczestników: 2 lub więcej
Materiały: długopis i kartka papieru

1 Każdy gracz potrzebuje długopis i kartkę papieru, którą przedzieramy na pół.

2 Gracze muszą napisać dowolne zdanie na jednej ze swoich kartek, nie pokazując go innym osobom.

3 Następnie przepisują swoje zdania na drugą kartkę, zastępując każdą samogłoskę konkretną cyfrą, np. 1 zamiast „a" albo 2 zamiast „e". Można też stosować różne symbole zamiast liter, ale nie powinno się zastępować więcej niż pięciu różnych liter. Trzeba pamiętać, żeby dana cyfra lub symbol odpowiadała zawsze tej samej zastępowanej literze.

4 Gdy każdy zapisze swoje zaszyfrowane zdanie, podaje kartkę osobie po swojej lewej stronie.

5 Każdy stara się rozszyfrować znaczenie zdania napisanego przez innego gracza, mówiąc to zdanie na głos. Wygrywa pierwsza osoba, która to zrobi.

L23B11 7
Z1G1DK11

LUBIE ZAGADKI

1.3 Zabawy z ołówkiem i kartką papieru

ZABAWY INTELEKTUALNE

42. Państwa i miasta

W tej ekscytującej grze nie wystarczy tylko szeroki zasób słów, trzeba też szybko myśleć.

Wiek: od 9 lat
Orientacyjny czas: 30 minut
Ilość uczestników: 2 lub więcej
Materiały: kartka papieru i długopis dla każdego gracza

1 Zróbcie listę dziesięciu kategorii słów, którą każdy gracz przepisuje na swoją kartkę. Mogą to być na przykład: imiona, rodzaje sklepów, marki produktów, ptaki, warzywa, ubrania, meble, zwierzęta domowe, itp.

2 Następnie jeden gracz podaje literę. Każdy musi napisać jedno słowo zaczynające się od tej litery w każdej kategorii.

3 Gdy tylko ktoś uzupełni wszystkie kategorie, mówi: „Koniec" i pozostali gracze muszą przestać pisać i odłożyć długopisy.

4 Gracze wspólnie sprawdzają wszystkie wyrazy napisane w każdej kategorii. Dziesięć punktów otrzymuje gracz za słowo, którego nie napisał nikt inny, a pięć punktów, gdy któryś z graczy użył tego samego wyrazu.

5 W następnej partii szukamy słów na inną literę. Gra kończy się wtedy, gdy ktoś zdobędzie określoną sumę punktów, najczęściej 100.

Warzywa	Ubrania
KALAFIOR	KALOSZE
Ptaki	Imiona
KOS	KAROL
Zwierzęta	Państwa
KOT	KANADA

35

1.3 Zabawy z ołówkiem i kartką papieru

ZABAWY INTELEKTUALNE

43. Kojarzenie obrazków

Zabawna gra pokazująca, jak kojarzymy pojęcia i obrazy.

Wiek: od 10 lat

Orientacyjny czas: 10 minut

Ilość uczestników: 3 lub więcej

Materiały: długopis i kartki papieru, zdjęcia z gazety lub czasopisma

1 Każdy gracz wybiera zdjęcie z gazety lub czasopisma i wycina je, nie pokazując innym.

2 Na początku gry fotografie leżą odwrócone na stole.

3 Każdy gracz po kolei odwraca swoje zdjęcie i wszyscy mają minutę na zapisanie wszystkich słów, które przychodzą im na myśl, gdy na nie patrzą.

4 Po minucie, osoba, która wybrała fotografię, czyta słowa, które sama zapisała. Inni mówią, czy ich listy zawierają identyczny wyraz.

5 Gracz ze zdjęciem zdobywa jeden punkt za każde słowo, które zapisał też ktoś inny. Pozostałe osoby dostają punkt za każdy wyraz, który napisał pierwszy gracz.

6 Potem następna osoba odwraca swoje zdjęcie i gra jest kontynuowana w taki sam sposób. Zwycięża zdobywca największej ilości punktów na końcu rundy.

44. Cisi artyści

Dobra rozrywka szczególnie dla tych, którzy ładnie rysują.

Wiek: od 10 lat
Orientacyjny czas: 30 minut
Ilość uczestników: 4 lub więcej
Materiały: kartka papieru i kredka

1 Podziel graczy na dwa równe zespoły.

2 Następnie zespoły ciągną losy, żeby wybrać, która grupa wykona pierwszy rysunek.

3 Drugi zespół musi wybrać jakieś słowo, nie zdradzając go pierwszej grupie.

4 Zespół, który będzie rysował, decyduje, który z jego członków wykona pierwszy rysunek.

5 Osoba ta idzie do drugiego zespołu, który mówi jej na ucho wyraz, który należy przedstawić na rysunku.

6 Gdy dowie się, o jakie słowo chodzi, wraca do swojej drużyny, która musi zgadnąć ten wyraz na podstawie rysunku namalowanego przez tę osobę. Rysujący nie może mówić, wydawać żadnych odgłosów ani pokazywać niczego na migi. Pozostali członkowie jego zespołu mogą za to podawać tyle słów, ile chcą.

7 Jeśli zespół zgadnie słowo w ciągu minuty, zdobywa punkt i wybiera słowo, które będzie zgadywała przeciwna drużyna.

8 Jeśli grupa nie zgadnie słowa, przeciwny zespół zdobywa punkt i wybiera kolejne słowo do odgadywania.

45. Definicje

Idealna gra na rozszerzanie słownictwa i sprawdzanie wiedzy.

Wiek: od 10 lat
Orientacyjny czas: 30 minut
Ilość uczestników: 2 lub więcej
Materiały: kartka papieru i długopis, słownik

1 Jedna osoba mówi na głos wybrane słowo i przepisuje jego definicję ze słownika, nie pozwalając innym jej przeczytać.

2 Pozostali gracze zapisują to słowo na swoich kartkach i piszą jego definicję, starając się, żeby była podobna do definicji naukowej, jak gdyby też została przepisana ze słownika.

3 Osoba, która wybrała słowo, zbiera kartki i następnie każdy z graczy czyta jedną definicję na głos.

4 Każdy gracz mówi, czy jego zdaniem dana definicja pochodzi ze słownika.

5 Po przeczytaniu wszystkich definicji gracz otrzymuje jeden punkt za każdym razem, gdy ktoś uznał, że jego definicja została przepisana. Dodatkowy punkt zdobywa osoba, która wybrała definicję ze słownika.

46. Kostka

Gra strategiczna z rysunkiem trójwymiarowego przedmiotu.

Wiek: od 11 lat
Orientacyjny czas: 10 minut
Ilość uczestników: 2
Materiały: długopis i kartka papieru

1 Rysujemy kostkę i dzielimy jej boki na dziewięć kwadratów.

2 Każdy gracz po kolei pisze w jednym polu znak O lub X.

3 Gra polega na utworzeniu linii składającej się z czterech takich samych znaków. Każdy gracz musi również starać się, żeby przeciwnik nie osiągnął tego celu.

4 Zwycięża ten, któremu to się uda, nawet jeśli znaki znajdują się na różnych bokach kostki.

47. Anagramy

Wciągająca zabawa polegająca na szybkim układaniu wyrazów.

Wiek: od 11 lat
Orientacyjny czas: 10 minut
Ilość uczestników: 2 lub więcej
Materiały: długopis i kartka papieru

1 Każdy gracz bierze kartkę i długopis, siada w takim miejscu, żeby inni nie widzieli tego, co pisze.

2 Każdy po kolei mówi na głos wybraną przez siebie literę. Wszyscy zapisują osiem wybranych w ten sposób liter.

3 Gracze mają trzy minuty na ułożenie jak najdłuższego słowa, które może składać się tylko z wcześniej podanych liter. Żadna z nich nie może być użyta w tym wyrazie więcej niż jeden raz.

4 Po upływie czasu przeznaczonego na to zadanie, wszyscy czytają swoje najdłuższe słowa. Każdy otrzymuje jeden punkt za każdą literę. Autor najdłuższego wyrazu dostaje pięć dodatkowych punktów, a osoba, która użyła wszystkich ośmiu liter w swoim słowie - oprócz pięciu - dodatkowe trzy.

1.4

Gry stołowe

Te gry i zabawy pochodzą z różnych miejsc na całym świecie. Niektóre mają sto, inne tysiąc lat. Można w nie grać na zwykłej planszy, a pionkami mogą być przeróżne przedmioty (np. guziki, ziarnka fasoli, tekturowe kółka, papier z bloku technicznego, itp.).

We wszystkich grach przedstawionych w tym rozdziale wystarczy tylko narysować planszę na dowolnej powierzchni i znaleźć dwa różne przedmioty, które będą służyły jako pionki. Najważniejszą rzeczą nie jest perfekcyjne wykonanie planszy, lecz możliwości, jakie otwiera ona przed graczem.

48. Bierki

Chińska gra zręcznościowa, w której liczy się zręczność i cierpliwość.

Wiek: od 6 lat
Orientacyjny czas: 10 minut
Ilość uczestników: 2 lub więcej
Materiały: 40 drewnianych patyczków
o długości ok. 25cm i średnicy 3mm, farbki
w kolorach: czerwonym, niebieskim, żółtym
i zielonym, temperówka, pędzel

1 Naostrz końce każdego patyczka i pomaluj je
w następujący sposób: 20 na żółto, 12 na czerwono, 3 na zielono, 3 na niebiesko, a na dwóch
namaluj spiralę dowolnego koloru.

2 Weź wszystkie patyczki i trzymając je obiema
rękami, ustaw je na środku stołu pionowo tak,
aby każdy patyczek opierał się jednym końcem na
stole. Następnie powoli rozsuń dłonie, żeby patyczki rozsypały się i utworzyły stos.

3 Każdy gracz po kolei próbuje wyciągnąć jeden
patyczek ze stosu, nie poruszając innych.
Jeśli mu się to uda, próbuje wyciągnąć następny. Jeśli któryś z patyczków się poruszy, kolej na następnego gracza.

4 Po wyciągnięciu wszystkich patyczków każdy gracz sumuje zdobyte
punkty. Za każdy żółty patyczek
gracz otrzymuje trzy punkty, czerwony - pięć, niebieski - dziesięć,
zielony - piętnaście, a za patyczek
ze spiralą - dwadzieścia.

49. Pstryk w monetę

Gra zręcznościowa wywodząca się z Anglii.
Pierwsze plansze były wykonywane z drewna
i często pięknie dekorowane.

Wiek: od 6 lat
Orientacyjny czas: 10 minut
Ilość uczestników: 2
Materiały: tektura, ołówek, 20 monet
o średnicy ok. 2,5 cm dla każdego gracza

3 Jeśli moneta zatrzyma się między dwiema liniami pasa, gracz usuwa ją z planszy i otrzymuje jeden punkt. Gracz zapisuje punkt w swojej kolumnie kwadratów na boku planszy. Jeśli w danym rzędzie zaznaczono już trzy punkty, punkt „przechodzi" na konto przeciwnika.

4 Monety, które zatrzymały się na linii, zostają na planszy i można w nie trafiać innymi monetami. W takim przypadku punkt otrzymuje właściciel monety, a monetę usuwa się z planszy.

5 Monety, które wyszły poza pasy lub nie dotarły do pierwszego pasa, są usuwane z planszy, chyba że dotykają pierwszej linii.

6 Wygrywa osoba, która zdobędzie trzy punkty w każdym kwadracie. Ostatniego punktu nie można zaliczyć, ponieważ w monetę jednego gracza uderzy jedna z monet jego przeciwnika.

1 Narysuj planszę podzieloną na dziewięć poziomych stref zwanych „pasami". Zostaw 10 cm wolnego miejsca przed i za pasami. Szerokość pasów (ok. 3cm) powinna być niewiele większa od średnicy monet. Na obu końcach pasów narysuj linię, aby powstały kwadraty, gdzie będą zapisywane wyniki.

2 Połóż planszę na stole. Gracz kładzie monetę tak, żeby jej część wystawała za krawędź stołu. Następnie uderza ją do środka planszy wewnętrzną stroną dłoni lub końcem palca. Monety każdego gracza są obrócone różnymi stronami tak, aby było wiadomo, do kogo należy każda moneta.

50. Koty i mysz

*Gra strategiczna dla małych dzieci, w której mysz
jest w trudniejszej sytuacji.*

Wiek: od 6 lat

Orientacyjny czas: 10 minut

Ilość uczestników: 2

Materiały: biała tektura, czarna tektura lub
czarny arkusz z bloku technicznego, nożyczki, klej, 1 czerwony pionek, 4 zielone pionki

1 Wykonaj planszę naklejając czarne, trzycenty-
metrowe kwadraty na 24-centymetrowy kwadrat
z białej tektury.

2 Pionki stawiamy w pozycji startowej. Czerwony pionek to mysz, a zielone pionki to koty.

3 Gracze wykonują ruchy po kolei. Mysz zawsze
porusza się o jedno pole po przekątnej i może
iść do przodu lub do tyłu. Koty również poruszają
się po przekątnej, lecz mogą iść tylko do przodu.

4 Żaden pionek nie może złapać drugiego. Mysz
musi dotrzeć do drugiej strony planszy i zostawić koty za sobą. Koty mają za zadanie złapać mysz
w pułapkę, uniemożliwiając jej wykonanie następnego ruchu. Zwycięża gracz, który osiągnie jeden
z tych celów.

1.4 Gry stołowe

43

ZABAWY INTELEKTUALNE

51. Tangram

Chińska układanka, która zrobiła furorę w XIX wieku. Pozwoli ci zrobić niezliczone figury, jeśli tylko puścisz wodze fantazji.

Wiek: od 7 lat
Orientacyjny czas: 10 minut
Ilość uczestników: 1
Materiały: tektura, nożyczki, ołówek, linijka

44

1 Żeby wykonać „tangram", potrzebny jest tekturowy kwadrat o boku 15cm. Możliwe są też inne wielkości, ponieważ najważniejsze są proporcje między poszczególnymi wymiarami.

2 Zaznacz linie tak, jak na rysunku i wytnij elementy.

3 Przy pomocy siedmiu elementów można układać figury ludzi, zwierząt, figury geometryczne i inne wzory. Trzeba tylko wykorzystać wszystkie elementy układanki.

4 W książkach na temat „tangramów" zaproponowano wiele figur, które można ułożyć, jeśli znajdzie się odpowiedni sposób ich połączenia. Na tej stronie pokazaliśmy kilka przykładów.

52. Warcaby

Reguły tej gry zmieniano wiele razy od czasu jej powstania w XII wieku. Przedstawiamy najbardziej popularną odmianę tej gry.

Wiek: od 7 lat

Orientacyjny czas: 10 minut

Ilość uczestników: 2

Materiały: biała tektura, czarna tektura, 12 białych pionków, 12 czarnych pionków

1 Zrób planszę taką, jak w grze w „Koty i mysz" albo weź gotową planszę do gry w szachy.

2 Połóż pionki na pozycjach startowych, zgodnie z rysunkiem. Gracze po kolei poruszają się swoimi pionkami. Grę zaczynają czarne pionki.

3 Pionki poruszają się zawsze po przekątnej, o jedno pole do przodu.

4 Gracz może zabrać przeciwnikowi jego pionka, przeskakując go, jeśli za nim jest wolne pole. Skoki można ze sobą łączyć.

5 Jeśli jest to tylko możliwe, „zbijanie" pionków przeciwnika jest obowiązkowe. Jeśli jeden pionek może zbić drugi, ale tego nie zrobi, twój przeciwnik może zabrać ci pionka, mówiąc: „za niebicie traci życie".

6 Gdy pionek dojdzie do drugiego końca planszy, zmienia się w „damkę", którą wyróżnia się przez położenie jednego pionka na drugi. Damka nadal porusza się po przekątnej, ale może iść do przodu i do tyłu oraz poruszać się o więcej niż jedno pole za jednym razem. Damka ma obowiązek zbijać inne pionki, jeśli jest to możliwe, w przeciwnym razie przeciwnik może ją zabrać.

7 Zwycięża osoba, która jako pierwsza zbierze wszystkie pionki przeciwnika.

1.4 Gry stołowe

45

ZABAWY INTELEKTUALNE

53. Lis i gęsi

„Lis i gęsi" to gra strategiczna o wielu odmianach, znana już w XIV wieku.

Wiek: od 7 lat
Orientacyjny czas: 10 minut
Ilość graczy: 2
Materiały: ołówek, kartka papieru, 13 żółtych pionków, 1 niebieski pionek

1 Narysuj planszę na kartce papieru i ułóż pionki tak, jak na ilustracji. Żółte pionki to gęsi, niebieski pionek to lis.

2 Gracze po kolei ruszają się swoimi pionkami na sąsiednie pola. Muszą poruszać się po liniach, a nie po przekątnej.

3 Lis może zjeść gęś i usunąć jej pionek z planszy przez przeskoczenie nad nią na wolne miejsce. Może także łączyć kilka skoków, żeby zjeść więcej niż jedną gęś za jednym razem.

4 Gęsi nie mogą zjeść lisa, ale mogą zwyciężyć w grze, gdy otoczą go tak, że nie będzie mógł się poruszyć.

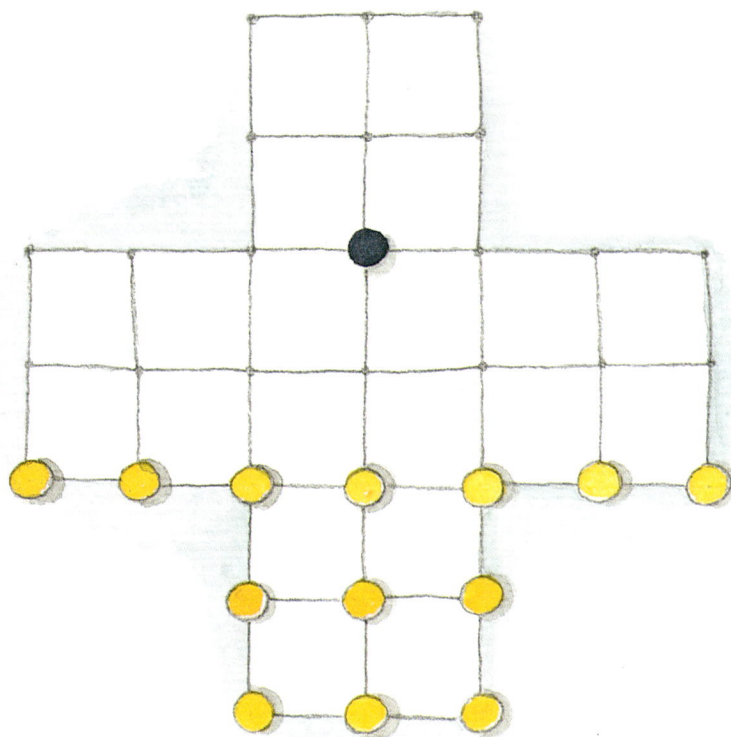

54. Halma

Gra bardzo popularna w Szwecji pod koniec XIX wieku.

Wiek: od 7 lat

Orientacyjny czas: 10 minut

Ilość graczy: 2

Materiały: kartka papieru, ołówek, 10 niebieskich pionków, 10 czerwonych pionków

3 Pionek może przesunąć się na wolne sąsiednie pole. Jeśli na sąsiednim polu jest pionek, obok którego jest wolne pole, inny pionek może go przeskoczyć.

4 Można przeskakiwać własne pionki lub pionki przeciwnika, można też łączyć skoki.

1 Narysuj linie planszy i umieść pionki tak, jak na ilustracji.

2 Każdy gracz porusza się po kolei swoimi pionkami w kierunku drugiego końca planszy.

5 Zwycięzcą jest gracz, który pierwszy przesunie swoje pionki na pola, gdzie znajdowały się pionki przeciwnika na początku gry.

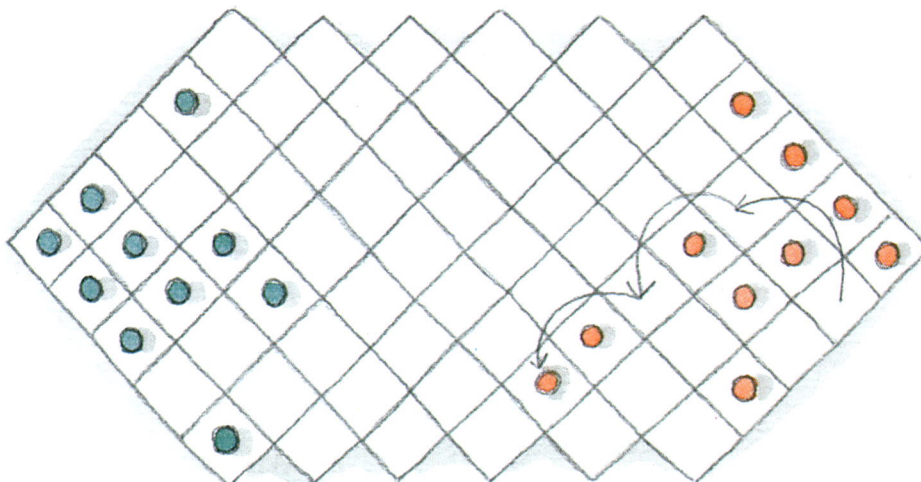

55. Młynek

Gra o wielu odmianach, znana w Starożytnym Egipcie tysiące lat temu.

Wiek: od 7 lat

Orientacyjny czas: 10 minut

Ilość graczy: 2

Materiały: kartka papieru, ołówek, 9 białych pionków, 9 czarnych pionków

4 Za każdym razem, gdy gracz utworzy młynek, może usunąć jeden pionek przeciwnika.

5 Wygrywa osoba, która pierwsza zredukuje ilość pionków przeciwnika do dwóch lub zablokuje wszystkie jego pionki.

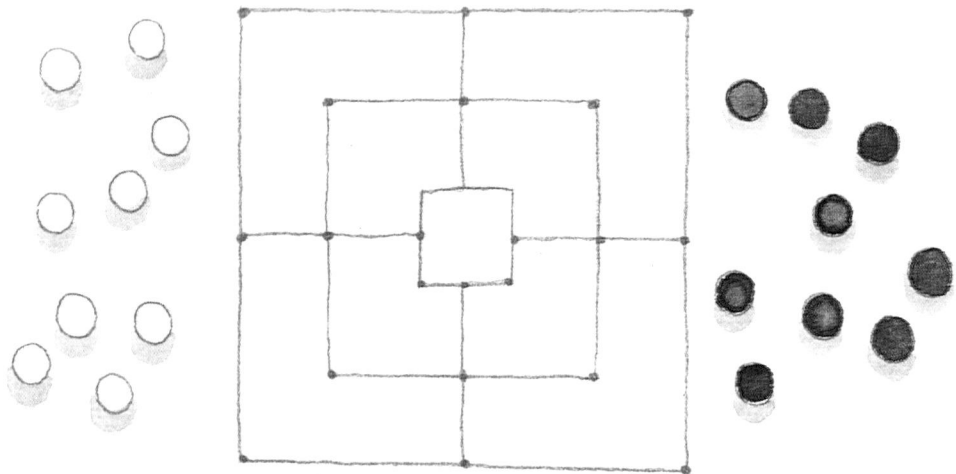

1 Po narysowaniu planszy gracze po kolei układają swoje pionki na punktach przecięcia linii tak, jak na rysunku.

2 Każdy gracz stara się zrobić „młynek", czyli ustawić trzy pionki w jednym rzędzie. Mając młynek, można zbić dowolny pionek przeciwnika z wyjątkiem tych, które tworzą inny młynek.

3 Gdy wszystkie pionki są na planszy, gracze po kolei poruszają się nimi po liniach na następny wolny punkt.

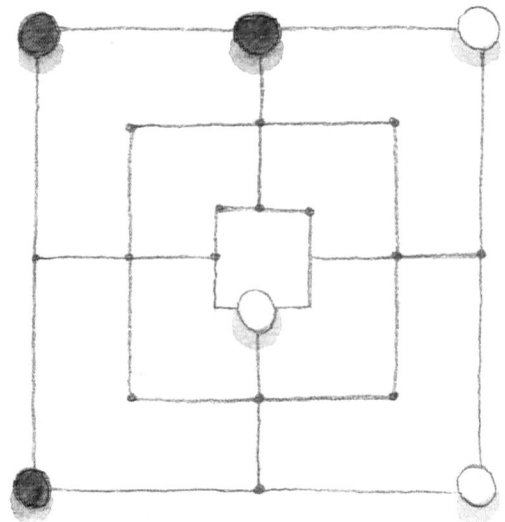

56. Kono

Tradycyjna koreańska gra strategiczna, w której można szybko stracić pionki.

Wiek: od 7 lat

Orientacyjny czas: 10 minut

Ilość graczy: 2

Materiały: kartka papieru, ołówek, 8 zielonych pionków, 8 czerwonych pionków

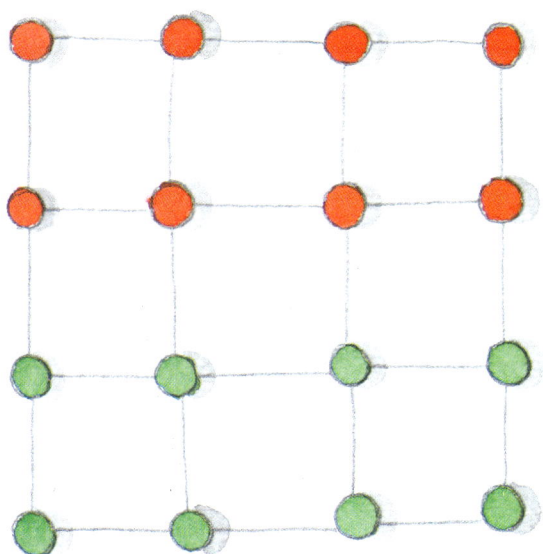

3 Gracz zbija pionka przeciwnika, przeskakując swojego pionka i lądując na pionku przeciwnika. Zbity pionek jest wtedy usuwany z planszy. Ponieważ na początku gry wszystkie miejsca są zajęte, partia zawsze zaczyna się ona od zbicia pionka.

4 Gdy na planszy zaczynają się pojawiać wolne miejsca, pionek może przesunąć się po linii na wolny sąsiedni punkt.

5 Gracz może zbić pionka przeciwnika, jeśli otoczy go swoimi pionkami.

6 Zwycięzcą gry zostaje osoba, która pierwsza pozostawi przeciwnikowi tylko jednego pionka.

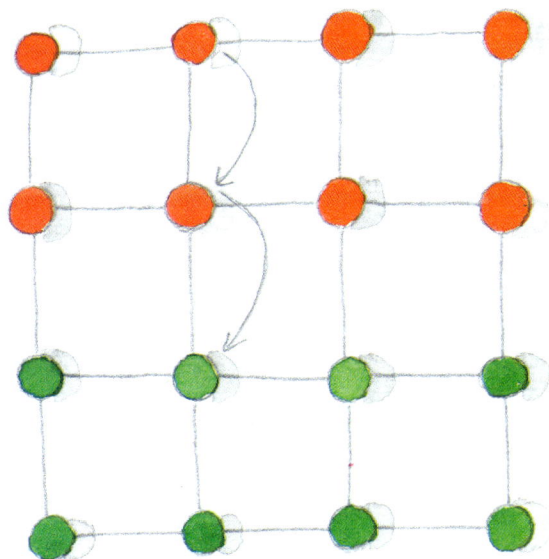

1 Narysuj planszę i ustaw pionki na punktach przecięcia linii tak, jak na rysunku.

2 Gracze wybierają swój kolor i ciągną losy, żeby zdecydować, kto zacznie.

57. Pong-hau-ki

„Pong-hau-ki" to gra wywodząca się z Chin, lecz popularna także w Korei. Nie jest ona tak prosta jak plansza, na której jest rozgrywana.

Wiek: od 7 lat
Orientacyjny czas: 10 minut
Ilość graczy: 2
Materiały: kartka papieru, ołówek, 2 fioletowe pionki, 2 żółte pionki

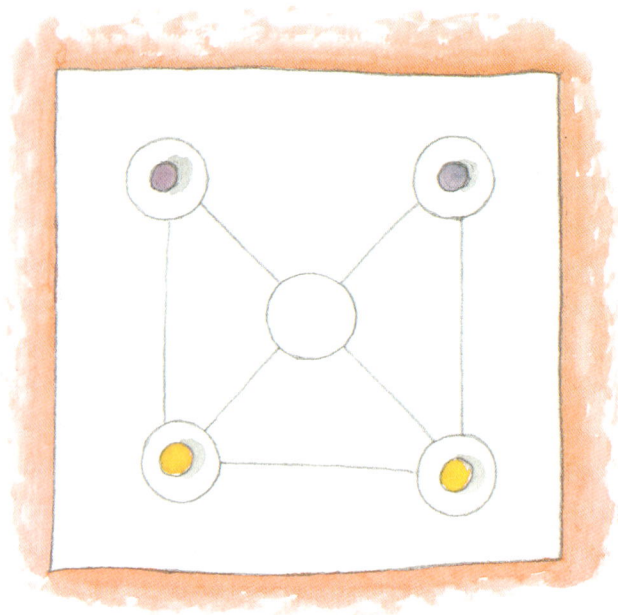

1 Narysuj planszę na kartce papieru i ułóż pionki tak, jak na ilustracji.

2 Gracze po kolei poruszają się swoimi pionkami po liniach na wolne pole.

3 Wygrywa gracz, który zdoła zablokować obydwa pionki przeciwnika.

58. Pentalfa

Ciągle popularna jednoosobowa gra, której plansza ma ponad trzy tysiące lat.

Wiek: od 8 lat
Orientacyjny czas: 10 minut
Ilość graczy: 1
Materiały: kartka papieru, ołówek, 9 pionków

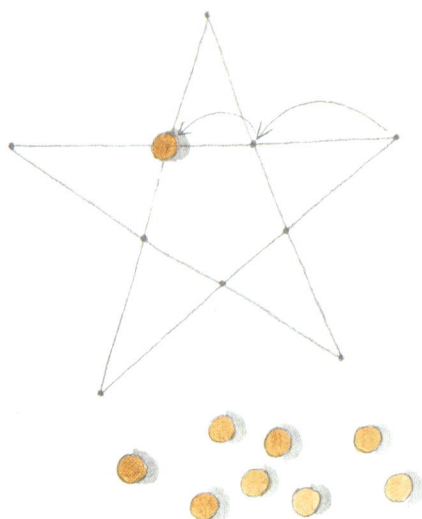

1 Narysuj planszę w kształcie pięcioramiennej gwiazdy tak, jak na rysunku.

2 Połóż pionek na dowolnym wolnym miejscu i powiedz: „jeden".

3 Następnie przesuń go po linii na następny, wolny lub zajęty punkt i powiedz: „dwa".

4 Potem przesuń go jeszcze raz na trzecie miejsce na tej linii i powiedz: „trzy". To miejsce musi być wolne i teraz zajmuje je ten pionek.

5 Tę serię trzech ruchów powtarzamy za każdym razem, gdy bierzemy kolejny pionek. Celem gry jest umieszczenie wszystkich dziewięciu pionków na planszy.

59. Czuka-ruma

Interesujące wyzwanie dla jednej osoby.

Wiek: od 8 lat
Orientacyjny czas: 10 minut
Ilość graczy: 1
Materiały: 5 małych kubków lub filiżanek, 8 pionków lub ziarenek

1 Ustaw w rzędzie pięć małych kubków i włóż do każdego dwa pionki lub ziarenka, zaczynając od lewej strony. Ostatni kubek to tak zwana „Ruma", która pozostaje pusta. Kubki można zrobić z pociętego pojemnika na jajka lub rysując na papierze pięć kół jedno obok drugiego.

2 Weź ziarna z dowolnego kubka i poruszając się od lewej do prawej strony, włóż po jednym ziarnie do każdego następnego kubka.

3 Jeśli ziarna są na końcu wkładane do „Rumy", zacznij jeszcze raz od zawartości nowego kubka.

4 Jeśli nadal masz ziarna w dłoni, dziel je dalej od lewej do prawej strony. Jeśli wrzucisz ostatnie ziarno do pustego kubka, przegrywasz. Jeśli wrzucisz ostatnie ziarno do kubka zawierającego inne ziarna, wyjmij je i „rozsiewaj" dalej.

5 Gra polega na wrzuceniu wszystkich ziaren do „Rumy".

1.4 Gry stołowe

51

ZABAWY INTELEKTUALNE

60. Wari

„Wari" to wywodząca się z Afryki gra, przeniesiona później do Azji i Ameryki. *„Wari"* ma wiele odmian i jest chyba najpopularniejszą grą na świecie.

Wiek: od 8 lat
Orientacyjny czas: 30 minut
Ilość graczy: 2
Materiały: 2 pudełka na jajka, 48 ziarenek

1.4 Gry stołowe

52

ZABAWY INTELEKTUALNE

1 Plansza składa się z dwóch równoległych rzędów. W każdym rzędzie znajduje się 6 kubków. Najbardziej ozdobne plansze są wyrzeźbione z drewna i bogato ozdobione. Można je zrobić, łącząc spody dwóch pudełek na jajka lub 12 małych kubków.

2 Na początku gry w każdym kubku są 4 ziarna. Każdy gracz ma swoje kubki po swojej stronie.

3 Gracze po kolei wyjmują wszystkie ziarna z jednego ze swoich kubków i wkładają po jednym z tych ziaren do każdego następnego kubka, poruszając się w kierunku przeciwnym do ruchu wskazówek zegara.

4 Jeśli gracz wkłada ostatnie ziarno do jednego z kubków przeciwnika, sprawiając, że suma ziaren w tym kubku wynosi 2 lub 3, ziarna te są zabierane razem z dowolnym poprzednim kubkiem przeciwnika z dwoma lub trzema ziarnami.

5 Jeśli ziarno przejdzie całą planszę dookoła, kubek, od którego zaczynało, jest pusty. Jeśli gracz nie ma żadnych ziaren, gdy przypadnie na niego kolej, jego przeciwnik musi wykonać taki ruch, żeby osoba ta dostała trochę ziaren. Jeśli jest to niemożliwe, gra kończy się, a jeden gracz trzyma wszystkie ziarna na swojej stronie. Dlatego nie można wykonać ruchu, w którym przeciwnik traci wszystkie swoje ziarna.

6 Na końcu gry każdy gracz wkłada cztery ziarna do każdego swojego kubka. Zwycięża osoba, której zostało jeszcze kilka ziaren.

61. Cztery pory roku

Bardzo interesująca gra dziecięca z Chin, w którą można grać w domu lub na powietrzu, jeśli narysujemy planszę na ziemi.

Wiek: od 8 lat
Orientacyjny czas: 10 minut
Ilość graczy: 2
Materiały: tektura, ołówek, 20 żółtych pionków, 20 zielonych pionków

1 Narysuj przedstawioną obok planszę na tekturze lub na ziemi, jeśli bawisz się na powietrzu.

2 Każdy gracz wybiera swój kolor i ciągnie losy, żeby zdecydować, kto zacznie.

3 Gracze po kolei kładą po jednym ze swoich pionków na wolnym punkcie przecięcia linii.

4 Za każdym razem, gdy graczowi uda się otoczyć jeden lub więcej pionków przeciwnika tak, że dookoła nich nie ma żadnych wolnych miejsc, przeciwnik traci zablokowane pionki.

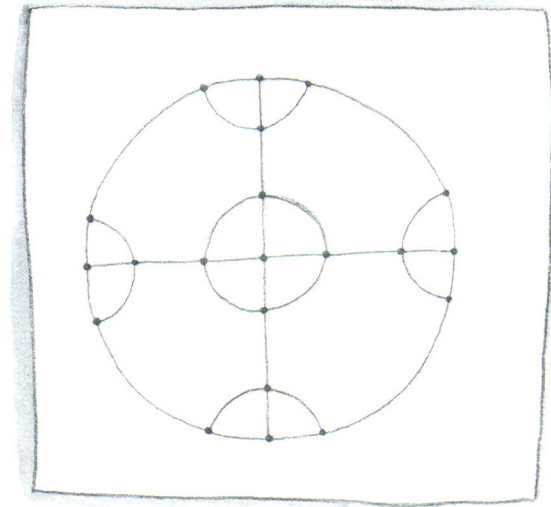

5 Gra kończy się, gdy nie ma już pionków do położenia na planszę lub nie ma miejsc, gdzie można by je położyć.

6 Zwycięża osoba, która zebrała więcej pionków przeciwnika.

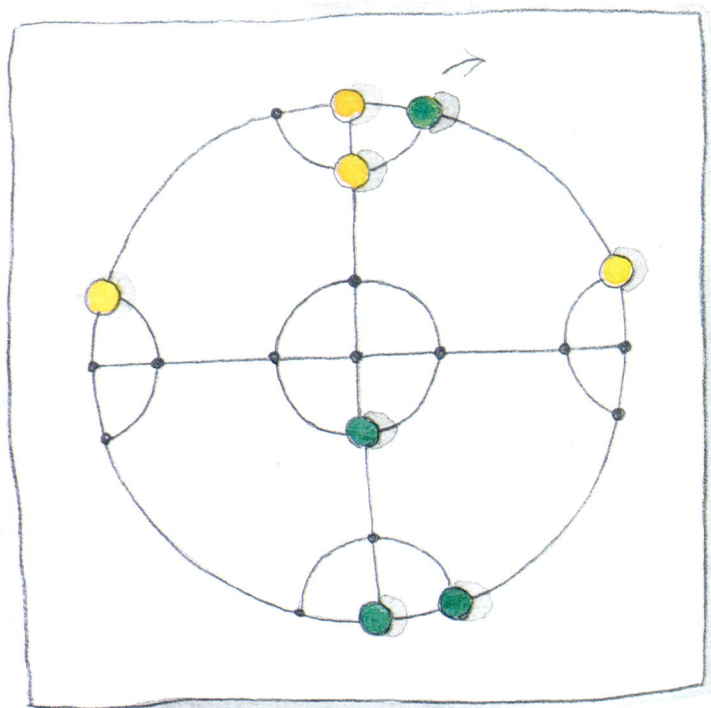

62. Quirkat

Gra wymyślona na Wschodzie ponad trzy tysiące lat temu, która dała początek popularnym warcabom.

Wiek: od 8 lat
Orientacyjny czas: 30 minut
Ilość graczy: 2
Materiały: kartka papieru, ołówek, 12 białych pionków, 12 czarnych pionków

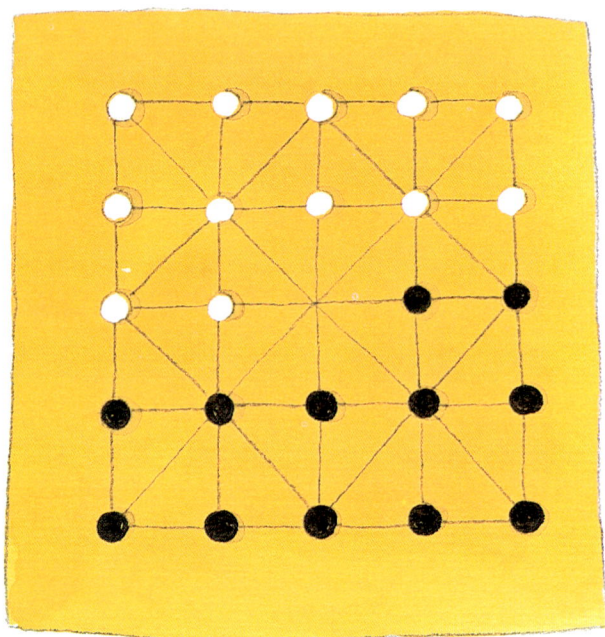

1 Narysuj planszę i ułóż pionki na pozycjach wyjściowych tak, jak na rysunku.

2 Gracze po kolei poruszają się swoimi pionkami po liniach na następne pozycje.

3 W celu zbicia pionka przeciwnika musisz go przeskoczyć po linii narysowanej na planszy. Łącząc skoki, można zbić więcej niż jednego pionka, ale w każdym skoku można przeskoczyć tylko jednego pionka.

4 Pionki nie mogą poruszać się do tyłu. Jeśli pionki dojdą do drugiego końca planszy, mogą poruszać się tylko na ukos.

5 Zwycięża osoba, która zebrała najwięcej pionków, gdy nikt nie może już wykonywać żadnych ruchów.

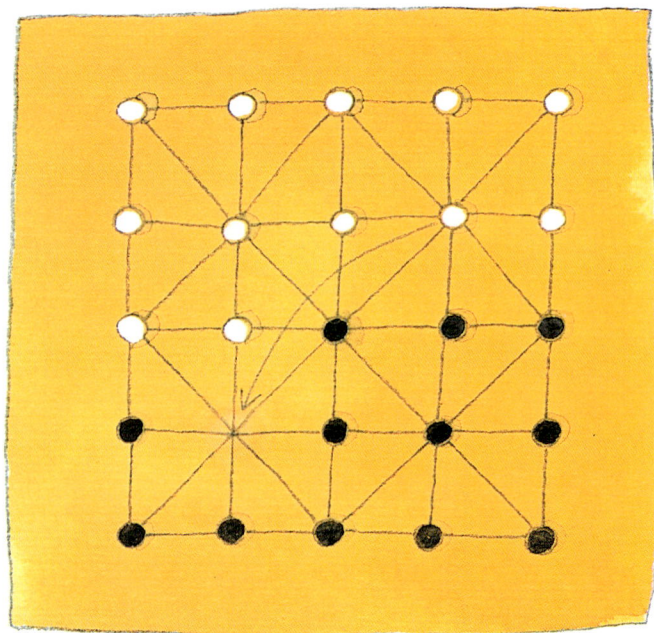

63. Owce i tygrysy

Indyjska gra dla dzieci, bardzo podobna do zabawy w „Lisa i gęsi".

Wiek: od 8 lat
Orientacyjny czas: 10 minut
Ilość graczy: 2
Materiały: kartka papieru, ołówek, czerwona farbka, 15 białych pionków, 3 czarne pionki

1 Narysuj planszę zgodnie z ilustracją. Jeden gracz porusza się tygrysami (czarne pionki), a drugi owcami (białe pionki).

2 Gracze po kolei kładą po jednym swoim pionku na punktach przecięcia linii. Tygrysy muszą znaleźć się na punktach wyjściowych, oznaczonych czerwonymi figurami. Owce mogą ustawić się w dowolnym miejscu, ale nie wolno im przesuwać się, dopóki wszystkie z nich nie znajdą się na planszy. Tygrysy zaczynają poruszać się, gdy wszystkie trzy pionki znajdują się na planszy.

3 Tygrysy zjadają owce, przeskakując przez nie, jeśli za owcą jest wolne miejsce. Tygrys może łączyć skoki i w ten sposób zjadać kilka owiec.

4 Tygrysy zwyciężają, jeśli uda im się zjeść wszystkie owce. Aby wygrać, owce muszą zablokować ruchy tygrysów.

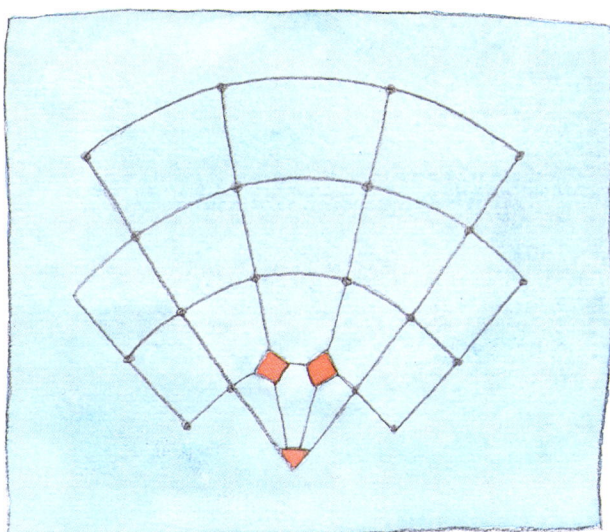

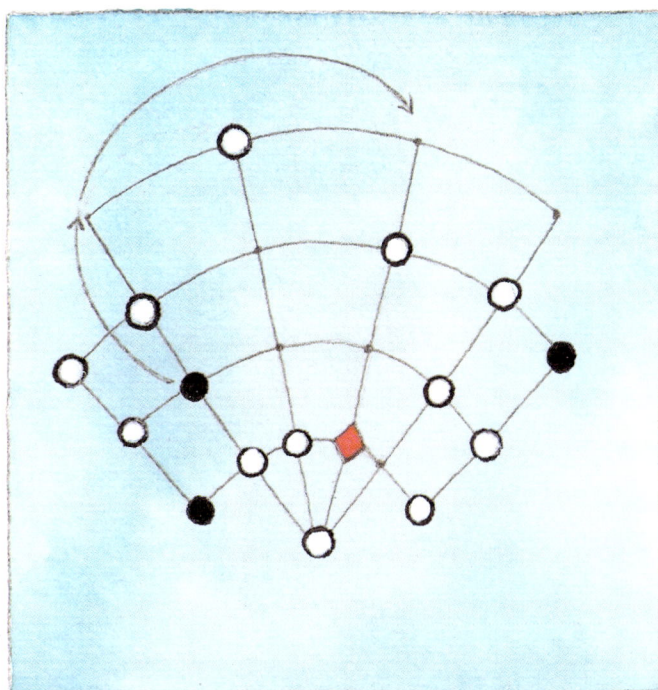

64. Seega

Gra polegająca na zbijaniu pionków, wywodząca się z Egiptu, lecz bardzo popularna także w Somalii.

Wiek: od 8 lat
Orientacyjny czas: 10 minut
Ilość graczy: 2
Materiały: kartka papieru, ołówek,
12 czerwonych pionków, 12 czarnych pionków

1 Narysuj planszę na kartce papieru i rzuć monetą, żeby zdecydować, kto pierwszy zacznie kłaść swoje pionki na planszy.

2 Każdy gracz po kolei umieszcza po dwa pionki na planszy, zostawiając wolne miejsce na jej środku. Osoba, która położy dwa ostatnie pionki, wykonuje pierwszy ruch.

3 Pionki można przesuwać na sąsiednie pole, jeśli nie jest jeszcze zajęte. Nie wolno przesuwać pionków na ukos.

4 Aby zbić pionka przeciwnika, gracz musi „złapać" go między dwa swoje pionki. Zbijanie pionków jest obowiązkowe, jeśli jest taka możliwość.

Gracz, który wziął pionek przeciwnika, wykonuje następny ruch. Nie można zbić pionka znajdującego się na środku planszy.

5 Gdy wszystkie pionki jednego gracza zostały unieruchomione, drugi gracz musi przesunąć swój pionek, żeby jego przeciwnik mógł wykonać ruch.

6 Wygrywa osoba, która zbije wszystkie pionki przeciwnika.

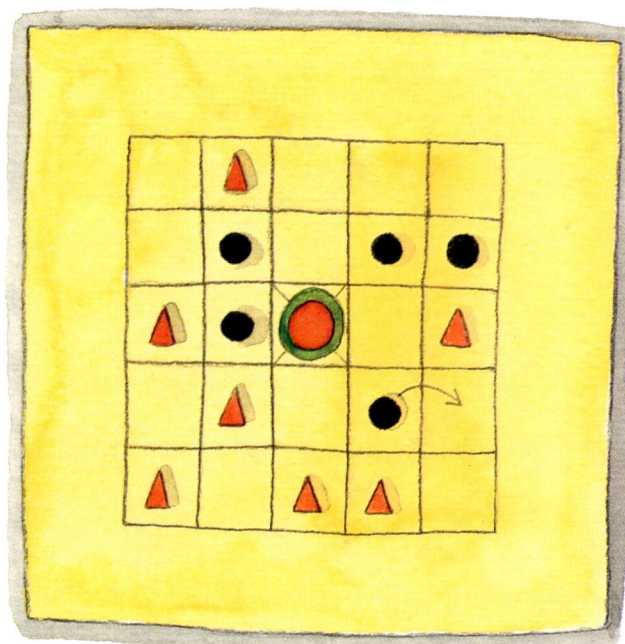

65. Oblężenie

Gra popularna we Francji w XIX wieku, przypominająca obronę zamku przed wrogimi wojskami.

Wiek: od 8 lat
Orientacyjny czas: 10 minut
Ilość graczy: 2
Materiały: kartka papieru, ołówek, 24 czarne pionki, 2 czerwone pionki

1 Na podstawie rysunku narysuj planszę i ułóż pionki. Kwadrat otaczający jedno ramię figury to zamek, a dwa czerwone pionki to strażnicy broniący go przed czarnymi pionkami - żołnierzami wroga.

2 Czarne pionki mogą wykonywać ruchy tylko do przodu, poprzecznie lub prosto po linii. Czerwone pionki zbijają czarne, przeskakując przez nie na pole wroga, ale nie mogą opuścić zamku.

3 Żołnierze próbują zająć cały zamek lub unieruchomić strażników. Czerwone pionki muszą zbić czarne pionki wchodzące do zamku.

4 Strażnicy wygrywają, jeśli uda im się zmniejszyć ilość żołnierzy do ośmiu pionków.

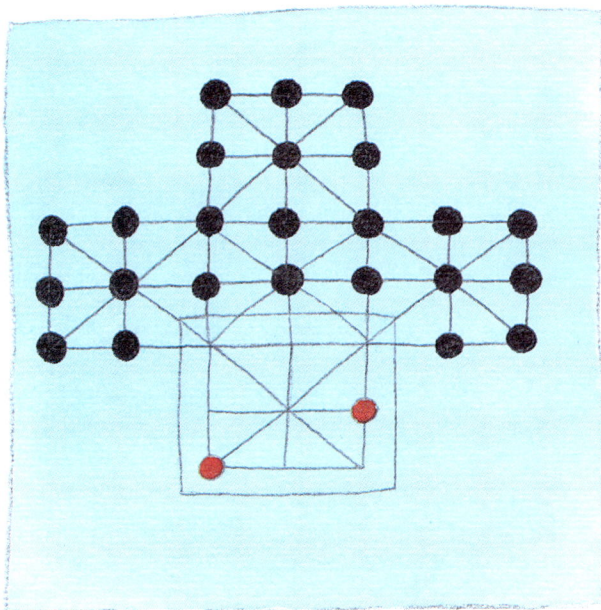

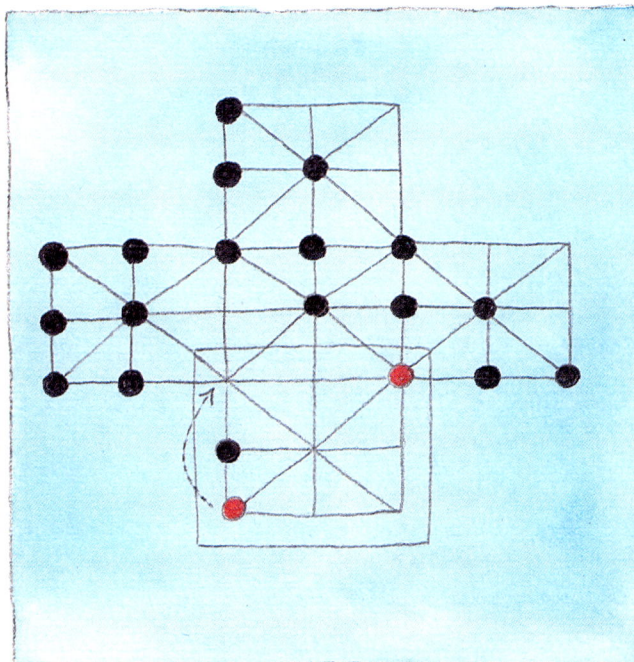

66. Fanorona

Szybka gra strategiczna wynaleziona na Madagaskarze pod koniec XVII wieku.

Wiek: od 8 lat
Orientacyjny czas: 10 minut
Ilość graczy: 2
Materiały: kartka papieru, ołówek, 22 białe pionki, 22 czarne pionki

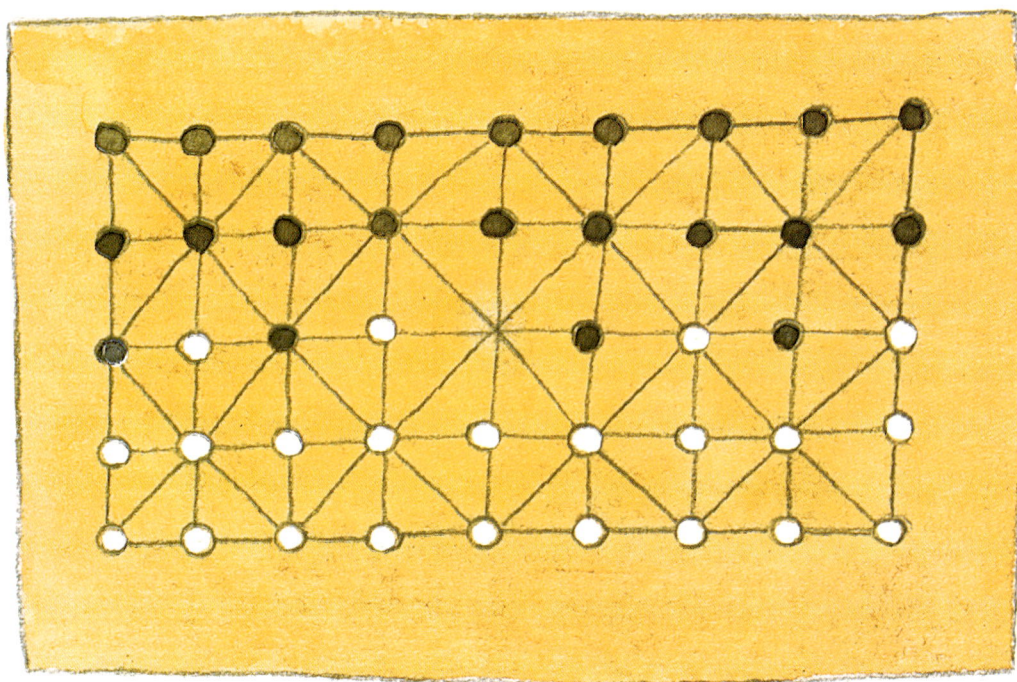

1 Narysuj planszę i ustaw pionki tak, jak pokazano na rysunku.

2 Każdy gracz po kolei wykonuje ruch w celu zbicia pionków przeciwnika. Pionki poruszają się o dowolną ilość pól po linii prostej. Jeśli pionek zbliży się do jakichś pionków przeciwnika lub oddali od nich, wykonując ruch po tej samej linii, pionki te są zabierane.

3 Jeśli gracz zbije jakieś pionki, wykonuje następny ruch przy pomocy tego samego pionka. Wyjątkiem od tej reguły jest pierwszy ruch, gdy dozwolone jest tylko jedno zbicie przed oddaniem kolejki przeciwnikowi.

4 Gdy gracz nie może zbić więcej pionków, następny ruch wykonuje jego przeciwnik.

5 Wygrywa osoba, która pierwsza zbije wszystkie pionki przeciwnika.

Rozdział 2

ZABAWY W DOMU

Zabawy w wybieranie

Często zdarza się, że trzeba wybrać kogoś, kto zacznie grę lub będzie pełnił

określoną rolę. Żeby uprzyjemnić takie losowanie, wymyślono wiele krótkich

i prostych gier oraz zabaw, które możecie przeprowadzić zanim wybierzecie

inne aktywności. W tym rozdziale przedstawiamy kilka takich wstępnych zabaw.

Dzięki temu, że są tak proste i krótkie, można je wykorzystać

w każdej sytuacji, gdy trzeba kogoś wybrać.

67. Złoto i srebro

*Możecie pobawić się w "**Złoto i srebro**", żeby wybrać osobę, która zacznie następną grę.*

Wiek: od 6 lat
Orientacyjny czas: 2 minuty
Ilość uczestników: 2
Materiały: niepotrzebne

1 Dzieci stoją twarzą do siebie w odległości około trzech metrów, trzymając ręce z tyłu.

2 Jedna osoba porusza się do przodu, stawiając jedną stopę przed drugą tak, że pięta wysuniętej stopy dotyka palców drugiej stopy. Dziecko mówi wtedy: „złoto".

3 Druga osoba robi to samo, lecz mówi: „srebro".

4 Dzieci stopniowo zbliżają się do siebie, wymawiając nazwy swoich metali.

5 Gdy osoba, na którą wypadła kolej zrobienia następnego ruchu uważa, że jest wystarczająco blisko drugiego dziecka, mówi: „wchodzę" i próbuje powoli nadepnąć na stopę przeciwnika.

6 Jeśli uda jej się to zrobić, mówi: „pasuje" i stawia swoją stopę na ukos między pierwszą stopą a tą, na którą przed chwilą nadepnęła.

7 Osoba, której udało się nadepnąć na stopę przeciwnika zacznie następną zabawę.

68. Mniejszości

Gra, w której wszyscy wybierają osobę zaczynającą zabawę.

Wiek: od 6 lat
Orientacyjny czas: 10 minut
Ilość uczestników: 3 lub więcej
Materiały: niepotrzebne

2.1 Zabawy w wybieranie

62

ZABAWY W DOMU

1 Wszyscy stoją ramię przy ramieniu w kole, trzymając ręce z tyłu. Każde dziecko robi krok do przodu tak, żeby palce jego stopy dotykały palców stóp innych osób.

2 Jedno dziecko mówi na głos: „1, 2, 3, mniejszość" i każdy musi zdecydować, czy wycofać swoją stopę, czy pozostawić ją w kole.

3 Następnie sprawdzamy, czy więcej osób zostawiło stopy w kole, czy je wycofało. Potem osoby z mniejszej grupy powtarzają tę zabawę. Jeśli grupy zremisują, zabawę należy powtórzyć.

4 Na końcu gry mniejszość zawsze stanowi jedna osoba, która zacznie kolejną zabawę.

69. 27 i jajko

Zwykła wyliczanka wystarczy, żeby wybrać pierwszego gracza.

Wiek: od 6 lat
Orientacyjny czas: 2 minuty
Ilość uczestników: 2 lub więcej
Materiały: niepotrzebne

2 Każde dziecko może w dowolnej chwili powiedzieć „stop", a osoba licząca zaczyna odliczać na głos od tego numeru, na którym właśnie skończyła.

3 Osoba ta liczy od swojej lewej strony, nadając każdemu dziecku kolejny numer.

4 Gdy doliczy do dwudziestu siedmiu, zamiast powiedzieć dwadzieścia osiem, mówi: „dwadzieścia siedem i jajko". Wskazana w ten sposób osoba zaczyna następną zabawę.

1 Wszyscy stoją w kole i jedna osoba macha ręką, licząc po cichu tak szybko, jak tylko chce.

70. Słomki

Tradycyjny sposób wybierania osoby, która zacznie grę lub musi wykonać jakieś zadanie.

Wiek: od 6 lat
Orientacyjny czas: 2 minuty
Ilość uczestników: 2 lub więcej
Materiały: słomki (patyczki, zapałki, itp.)

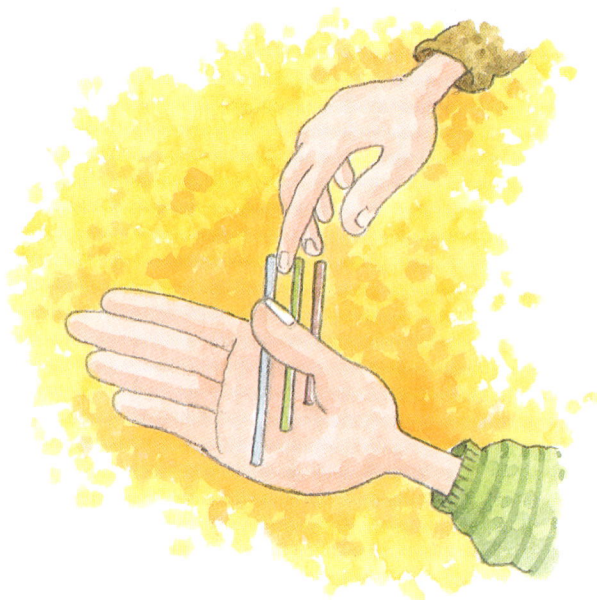

1 Weź tyle słomek, ile jest dzieci. Mogą to być patyczki, wykałaczki, zapałki, źdźbła trawy lub inne małe przedmioty.

2 Łamiemy jedną słomkę, żeby była krótsza od pozostałych.

3 Jedna osoba trzyma słomki w dłoni tak, żeby wystawały tylko jednym końcem i były ułożone jedna przy drugiej.

4 Każdy wyciąga jedną słomkę. Ostatnia przypada osobie, która trzyma je wszystkie.

5 Wygrywa dziecko, które wyciągnie najkrótszą słomkę i to ono decyduje, co będziecie dalej robić.

71. Hop!

Bardzo krótka i rytmiczna zabawa, idealna dla małej grupy dzieci.

Wiek: od 6 lat
Orientacyjny czas: 2 minuty
Ilość uczestników: 3 lub więcej
Materiały: niepotrzebne

1 Jedna osoba wyciąga przed siebie rękę, a każde z pozostałych dzieci po kolei kładzie na niej swoją dłoń.

2 Wszyscy mówią: „1, 2, 3, hop". Osoba, której dłoń podczas liczenia znajduje się na dnie „piramidy", przesuwa ją do góry.

3 Gdy padnie słowo „hop", wszyscy cofają swoje dłonie i kładą je na swoich kolanach, wewnętrz-

ną stroną do góry lub do dołu. Zwycięża osoba, której dłoń jest w przeciwnej pozycji w porównaniu do wszystkich innych osób.

4 Jeśli wszyscy położyli dłonie w ten sam sposób, zabawę należy powtórzyć.

2.2

Zabawy ekspresyjne

Zabawy ekspresyjne sprawiają dużo radości, ponieważ stwarzają zabawne sytuacje. Co ona tłumaczy? Kogo on naśladuje? W tych grach prym będą wiodły osoby spostrzegawcze, lecz najważniejsze nie jest to, kto pierwszy zgadnie, ale kto najlepiej się bawi.

Zabawy ekspresyjne idealnie nadają się na deszczowe popołudnia lub siedzenie przy stole podczas weekendu. Będą źródłem rozrywki oraz pomogą grupie bardziej się zintegrować.

72. Zwierzaki

*Prosta zabawa w naśladowanie zwierząt przezna-
czona dla najmłodszych dzieci.*

Wiek: od 3 lat
Orientacyjny czas: 10 minut
Ilość uczestników: 4 lub więcej
Materiały: niepotrzebne

1 Osoba dorosła prowadzi zabawę. Dzieci stoją
w kole.

2 Prowadzący mówi, co robi wybrane zwierzę,
np. „Żaby skaczą".

3 Wszystkie dzieci muszą naśladować czynność
tego zwierzęcia tak długo, aż dorosły poda inną
nazwę...

65

73. Lustro

*Zabawa w naśladowanie, w której trzeba zachować
czujność i umieć powstrzymać śmiech.*

Wiek: od 4 lat
Orientacyjny czas: 10 minut
Ilość uczestników: 2 lub więcej
Materiały: niepotrzebne

1 Jeśli jest to możliwe, zabawę powinna prowadzić osoba dorosła. Dzieci stoją parami
naprzeciwko siebie w dwóch rzędach.

2 Na znak prowadzącego dzieci w jednym
rzędzie zaczynają gestykulować i wykonywać
różne ruchy. Osoby z drugiego rzędu mają za zadanie, najlepiej jak potrafią, naśladować to, co robi
ich kolega lub koleżanka tak, jak gdyby patrzyły
w lustro. Nie wolno się śmiać, chyba że robi to
osoba, którą naśladujemy.

3 Po minucie następuje zmiana ról i osoba, której
ruchy naśladowano, teraz sama imituje drugie
dziecko.

74. Biedny kotek

„Biedny kotek" *to zabawa, która spodoba się najmłodszym. Dzieci muszą umieć rozśmieszać innych, lecz też powstrzymywać swój śmiech.*

Wiek: od 5 lat
Orientacyjny czas: 10 minut
Ilość uczestników: 4 lub więcej
Materiały: niepotrzebne

1 Wybrana osoba będzie kotem, a pozostałe siadają w kole.

2 Kot wybiera jedną osobę, podchodzi do niej i próbuje ją rozśmieszyć, naśladując kota.

3 Kot może powiedzieć „miau" trzy razy do tej osoby, która z kolei musi zachować powagę i za każdym razem odpowiedzieć mu „biedny kotek" i pogłaskać go.

4 Jeśli dziecko zacznie się śmiać, zmieniamy role i teraz ono zostaje kotem.

75. Posągi

Uczestnicy zabawy naśladują posągi, dopóki ktoś nie pozwoli im się poruszyć.

Wiek: od 5 lat
Orientacyjny czas: 10 minut
Ilość uczestników: 5 lub więcej
Materiały: niepotrzebne

1 Wybieramy dwie osoby: jedna będzie sprzedawcą, druga klientem. Pozostali chodzą i skaczą, dopóki sprzedawca nie powie: „Nie ruszać się!"

2 Dzieci muszą pozostać bez ruchu w takiej pozycji, w jakiej przed chwilą były, a sprzedawca pokazuje posągi klientowi. Obaj robią miny, próbując rozśmieszyć posągi, żeby sprawdzić, czy posąg jest dobry czy nie.

3 Jeśli klient znajdzie dobry posąg, osoba ta przestaje grać tę rolę i zostaje kolejnym klientem, który pomaga pierwszemu klientowi sprawdzać inne posągi.

4 Figury, które nie potrafią powstrzymać śmiechu lub poruszą się, nie przypadną do gustu klienta i dalej muszą grać swoją rolę.

76. Słowa zaczynające się na...

W tej grze przyda się duży zasób słów i dobra pamięć.

Wiek: od 7 lat
Orientacyjny czas: 2 minuty
Ilość uczestników: 2 lub więcej
Materiały: niepotrzebne

1 Wybrana osoba określa literę, mówiąc na przykład: „Słowa zaczynające się na... T".

2 Każde dziecko po kolei mówi słowo zaczynające się na tę literę, uważając, żeby nie powtórzyć żadnego z wymienionych już słów.

3 Gra kończy się wtedy, gdy ktoś nie potrafi podać nowego słowa lub powtórzy jakiś wyraz, który już powiedziano.

77. Mój tata jest kowalem

Gra łącząca gestykulację i zapamiętywanie, która na pewno wszystkich rozbawi.

Wiek: od 7 lat
Orientacyjny czas: 2 minuty
Ilość uczestników: 4 lub więcej
Materiały: niepotrzebne

1 Wszyscy stoją w kole i pierwsza osoba mówi na głos: „Mój tata jest kowalem i robi tak", pokazując przy tym na migi ruchy kowala uderzającego młotem o kowadło.

2 Wszyscy naśladują tą czynność, po czym kolejka przechodzi na następną osobę.

3 Kolejne dziecko mówi: „Jego (jej) tata jest kowalem i robi tak", pokazuje tą czynność i dodaje: „Moja mama jest pielęgniarką i robi tak" i udaje, że robi zastrzyk.

4 Każdy naśladuje nową czynność, po czym trzecia osoba powtarza zawody i czynności poprzednich dzieci i dodaje własne zdanie.

78. Łańcuch czynności

Ta zabawa jest tym śmieszniejsza, im więcej osób w niej uczestniczy.

Wiek: od 8 lat
Orientacyjny czas: 2 minuty
Ilość uczestników: 6 lub więcej
Materiały: niepotrzebne

1 Wszyscy siedzą po turecku w kole na podłodze.

2 Pierwsza osoba liczy rytmicznie „1, 2, 3", wykonując przy tym powtarzający się gest, np. klaszcząc trzy razy.

3 Gdy skończy, następne dziecko także liczy do trzech i powtarza czynności swojego poprzednika. W tym samym czasie patrzy na następny gest, który pierwsza osoba teraz pokazuje po to, żeby również go powtórzyło.

4 Trzecia osoba powtarza gest pokazywany przez drugie dziecko, podczas gdy drugi uczestnik zabawy powtarza czynność wykonaną właśnie przez pierwszą osobę. Zabawa toczy się dalej według tego samego schematu i obejmuje całe koło.

79. Dokończ opowiadanie

Rozwijająca wyobraźnię gra, w wyniku której powstają niesamowite opowieści.

Wiek: od 8 lat
Orientacyjny czas: 10 minut
Ilość uczestników: 4 lub więcej
Materiały: zegarek

1 Jedna osoba zaczyna opowiadać wymyśloną przez siebie historię.

2 Po minucie drugie dziecko musi kontynuować ją przez kolejną minutę, zaczynając tam, gdzie skończyła pierwsza osoba.

3 Każdy ma jedną minutę, aby opowiedzieć dalsze wydarzenia i może rozwinąć historię w dowolnym kierunku. Wyniki są zawsze zaskakujące i zabawne.

80. Na migi

W tej zabawie musisz postarać się, żebyś został do-brze i szybko zrozumiany.

> **Wiek:** od 8 lat
> **Orientacyjny czas:** 10 minut
> **Ilość uczestników:** 7 lub więcej
> **Materiały:** niepotrzebne

1 Jedna osoba prowadzi zabawę i przygotowuje listę około 15 słów do pokazania na migi. Po-zostali uczestnicy zabawy dzielą się na dwie grupy i ustawiają się kilka metrów od prowadzącego.

2 Jedna osoba z każdej grupy podchodzi do prowadzącego, który mówi słowo, które należy pokazać na migi. Osoby te szybko wracają do swojej grupy i bez słów wykonują swoje zadanie.

3 Gdy ktoś zgadnie szukane słowo, idzie do prowadzącego i mówi mu je, po czym prowadzący przekazuje mu kolejne słowo do pokazania.

4 Wygrywa grupa, która pierwsza skończy pokazywanie słów prowadzącego.

81. Jaki jest mój zawód?

W tej grze trzeba zgadnąć, o czym mówią inni.

> **Wiek:** od 8 lat
> **Orientacyjny czas:** 10 minut
> **Ilość uczestników:** 2 lub więcej
> **Materiały:** niepotrzebne

1 Jedna osoba wymyśla jakiś zawód, a inni zadają pytania, próbując go odgadnąć.

2 Osoba odpowiadająca na pytania może tylko podawać pierwszą i ostatnią literę odpowiedzi. Jeśli jest pielęgniarką i ktoś spyta się: „Gdzie pracujesz?", pytany musi odpowiedzieć „SL" (Szpital).

3 Dzieci zadają kolejne pytania, próbując rozszyfrować odpowiedzi, dopóki ktoś nie odgadnie szukanego zawodu.

82. Pantomimiczny łańcuch

W „**Pantomimicznym łańcuchu**" każdy musi pokazać na migi tę samą czynność.

Wiek: od 9 lat
Orientacyjny czas: 2 minuty
Ilość uczestników: 5 lub więcej
Materiały: niepotrzebne

4 Ostatnia osoba w szeregu na podstawie tego, co przekazało jej poprzednie dziecko, musi zgadnąć, co pokazywała pierwsza osoba. Wyniki tej zabawy są zazwyczaj bardzo dziwaczne.

1 Wszyscy stoją w szeregu odwróceni twarzą w tym samym kierunku.

2 Na dany sygnał pierwsza osoba w szeregu odwraca się do drugiej i pokazuje na migi ruchy zwierzęcia lub jakiś zawód, a druga ją obserwuje.

3 Następnie drugie dziecko powtarza to trzeciej osobie i tak dalej, aż do końca szeregu.

83. Pisanie w powietrzu

Wymagająca koncentracji gra, która dla najmłodszych może być prawdziwym wyzwaniem.

Wiek: od 9 lat
Orientacyjny czas: 10 minut
Ilość uczestników: 3 lub więcej
Materiały: niepotrzebne

1 Każde dziecko po kolei palcem wskazującym powoli „pisze" w powietrzu kolejne litery wybranego przez siebie słowa.

2 Druga osoba stara się odgadnąć jaki to wyraz i po skończeniu pokazywania liter, mówi go na głos.

3 Osoba, która literowała słowo zdobywa jeden punkt za każde dziecko, któremu udało się je odgadnąć. Inni otrzymują punkt za prawidłowe odgadnięcie wyrazu.

84. Grupowe powitania

W „*Grupowe powitania*" *można bawić się, aby rozbawić dzieci i przełamać lody, gdy nie znają się nawzajem.*

Wiek: od 9 lat

Orientacyjny czas: 10 minut

Ilość uczestników: 9 lub więcej

Materiały: niepotrzebne

1 Jedna osoba prowadzi zabawę. Pozostali tworzą pary, ustawiając się w dwóch kołach, jedno wewnątrz drugiego.

2 Prowadzący wyjaśnia szyfr składający się z liczb, które oznaczają pewien sposób powitania. Na przykład: „jeden: podanie ręki, dwa: ciepłe przytulenie, trzy: oficjalne przywitanie przez skinienie głową".

3 Gdy prowadzący powie: „obróćcie się", osoby z wewnętrznego koła zaczynają iść w prawą stronę, a z zewnętrznego koła w lewą.

4 Gdy prowadzący podaje numer, każdy zatrzymuje się i wita ze stojącą przed nim osobą w taki sposób, jaki oznacza wywołany numer. Powtarzając tę zabawę, można stopniowo zwiększać ilość różnych pozdrowień, żeby stała się jeszcze śmieszniejsza.

85. Przysłówki

Prosta zabawa dedukcyjna, w której trzeba uważnie obserwować, co robią inni.

Wiek: od 9 lat

Orientacyjny czas: 10 minut

Ilość uczestników: 4 lub więcej

Materiały: niepotrzebne

1 Jedna osoba wychodzi z pokoju, a pozostali wybierają dowolny przysłówek, np. smutno, wesoło, leniwie, itp.

2 Gdy dziecko wróci do pokoju, zadaje im pytania, na które grupa odpowiada w sposób zgodny z wybranym przysłówkiem.

3 Osoba zadająca pytania musi odgadnąć, o jaki przysłówek chodzi, uważnie obserwując sposób, w jaki inni odpowiadają na pytania.

86. Zakazane słowa

Zabawna gra sprawdzająca umiejętność wysławiania się bez używania pierwszego słowa, które przychodzi nam na myśl.

Wiek: od 11 lat
Orientacyjny czas: 30 minut
Ilość uczestników: 4 lub więcej
Materiały: zegarek, kartka papieru, długopis

1 Uczestnicy zabawy dzielą się na dwa równe zespoły.

2 Jedna drużyna zapisuje słowo, które trzeba odgadnąć i trzy słowa, których nie wolno użyć, np. „las: drzewo, grzyb, zwierzę".

3 Jedna osoba z drugiej grupy czyta po cichu ten wyraz i stara się, żeby jej zespół go odgadnął. Osoba ta wyjaśnia, co to słowo oznacza bez posługiwania się zakazanymi słowami lub wyrazami utworzonymi od nich.

4 Drużyna, która wybrała słowo, decyduje, ile czasu powinno zająć jego wyjaśnienie. Zespół ten otrzymuje jeden punkt po 15 sekundach. Jeśli po dwóch minutach druga grupa nie odgadła słowa, pierwszy zespół zdobywa dodatkowe dwa punkty i daje przeciwnikom jeszcze jeden wyraz do odgadnięcia.

5 Drużyna, która odgadła słowo, dostaje pięć punktów i może wymyślić wyraz dla przeciwnego zespołu.

87. Brakująca litera

Gra, w której trzeba wysłowić się bez używania zakazanych liter.

Wiek: od 11 lat
Orientacyjny czas: 10 minut
Ilość uczestników: 2 lub więcej
Materiały: niepotrzebne

1 Jedna osoba mówi dowolne zdanie, np.: „Mam psa, który szczeka w nocy" i dodaje: „bez litery A".

2 Pozostali muszą ułożyć zdanie, które znaczy to samo, nie posługując się zakazaną literą lub używając jej jak najrzadziej.

3 Zwycięża osoba, której uda się zachować znaczenie pierwotnego zdania bez użycia zakazanej litery.

88. Przedstawienie

Bardzo śmieszna zabawa w pokazywanie na migi, w której trzeba naśladować aktorów popularnych filmów.

Wiek: od 11 lat
Orientacyjny czas: 10 minut
Ilość uczestników: 4 lub więcej
Materiały: niepotrzebne

1 Wybieramy osobę, która zacznie zabawę. Pozostali są widownią.

2 Wybrana osoba ma za zadanie pokazać na migi tytuł filmu lub najbardziej reprezentatywne sceny, żeby ktoś z widowni mógł odgadnąć jego tytuł.

3 Osoba, której uda się odgadnąć tytuł, zdobywa punkt i pokazuje nowy film. W tej zabawie można ustalić maksymalny czas na przedstawienie filmu.

89. Wskazówki

W tej grze liczy się umiejętność udzielania skomplikowanych, lecz prawdziwych wyjaśnień.

Wiek: od 12 lat
Orientacyjny czas: 10 minut
Ilość uczestników: 2 lub więcej
Materiały: niepotrzebne

2 Pozostali zadają jej pytania, na które trzeba odpowiedzieć bardzo nieprecyzyjnie, ale zgodnie z prawdą. Na przykład na pytanie: „Jak duże jest to zwierzę?" można odpowiedzieć: „większe od królika, a mniejsze od domu".

3 Wygrywa osoba, której zadano najwięcej pytań, zanim ktoś odgadnął szukane słowo.

1 Jedna osoba wybiera słowo, np. „dinozaur" i mówi, czy jest to człowiek, zwierzę czy rzecz.

Zabawy na szybkość i refleks

Będąc w domu, nie musisz bezczynnie siedzieć.

Na małej powierzchni pokoju możesz urządzić zabawy,

w których liczy się szybkość i refleks. Skok, ruch rąk lub słowo wypowiedziane

w odpowiedniej chwili są podstawą zabaw, które potrafią rozweselić i rozruszać.

Wystarczy tylko linia na podłodze, zegarek lub krzesła,

choć często do zabawy nie potrzebne są żadne pomoce.

90. Dłonie

Bardzo prosta gra, która rozweseli najmłodsze dzieci.

Wiek: od 4 lat
Orientacyjny czas: 2 minuty
Ilość uczestników: 2 lub więcej
Materiały: niepotrzebne

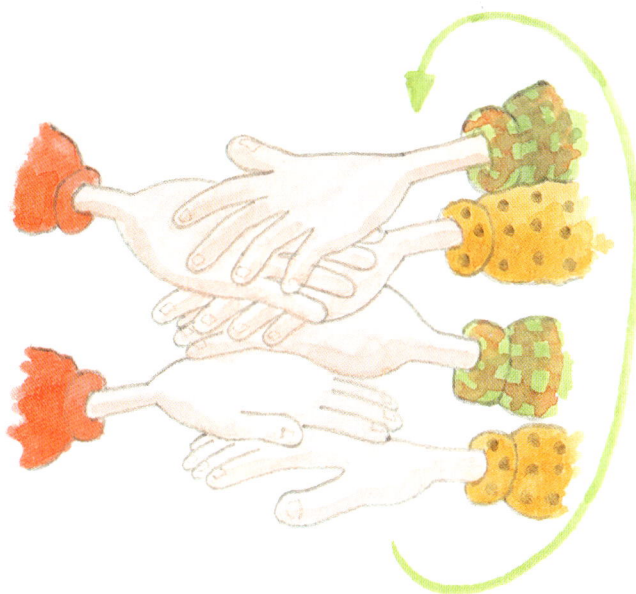

1 Dzieci siadają w kole lub dookoła stołu.

2 Pierwsza osoba kładzie w środku koła swoją dłoń, wewnętrzną stroną do dołu, a następne dziecko kładzie swoją dłoń na niej.

3 Gdy powstała „piramida" dłoni, pierwsza osoba wyciąga swoją dłoń z samego dołu piramidy i kładzie ją na górę. Następnie osoba, której dłoń teraz jest na dole, robi to samo.

4 Dłonie przesuwane są coraz szybciej, aż w końcu piramida rozpada się, co wywołuje śmiech wszystkich dzieci.

91. Zapasy kciuków

Do tej zabawy nie jest potrzebne wiele miejsca. „Zapasy kciuków" to popularny sposób wybierania osoby, która zacznie następną grę.

Wiek: od 5 lat
Orientacyjny czas: 2 minuty
Ilość uczestników: 2
Materiały: niepotrzebne

3 Zawodnik, któremu uda się przycisnąć kciuk przeciwnika i trzymać go nieruchomo przez trzy sekundy, wygrywa rundę. Zazwyczaj rozgrywa się trzy rundy, żeby wyłonić zwycięzcę.

1 Dzieci łączą dłonie, trzymając się wszystkimi palcami oprócz kciuka tak, jak na rysunku.

2 Następnie odliczają „1, 2, 3, start!" i każdy zawodnik stara się swoim kciukiem przycisnąć do dołu i unieruchomić kciuk przeciwnika, nie wypuszczając jego dłoni.

92. Nazwy

W tej grze każdy musi uważnie słuchać poleceń i odpowiednio na nie reagować.

| Wiek: od 5 lat |
| Orientacyjny czas: 2 minuty |
| Ilość uczestników: 7 lub więcej |
| Materiały: niepotrzebne |

1 Jedna osoba prowadzi grę. Pozostali ustawiają się przed nią w trzech szeregach.

2 Prowadzący nadaje każdemu szeregowi nazwę jakiegoś zwierzęcia, a potem mówi na głos nazwy różnych szeregów.

3 Gdy prowadzący powie nazwę zwierzęcia, osoby z tak nazwanego szeregu muszą uklęknąć. Gdy padnie inna nazwa, muszą szybko wstać. Gdy prowadzący powtórzy ich nazwę, muszą zostać w tej samej pozycji.

4 Prowadzący daje rozkazy coraz szybciej i próbuje wprowadzić dzieci w błąd, podając nazwę jednego szeregu, a palcem wskazując inny.

93. Prawda

Gra, w której musisz szybko myśleć, żeby nie zostać zdyskwalifikowanym.

| Wiek: od 5 lat |
| Orientacyjny czas: 10 minut |
| Ilość uczestników: 4 lub więcej |
| Materiały: niepotrzebne |

1 Jeśli jest to możliwe, zabawę powinna prowadzić osoba dorosła. Wszyscy stoją obróceni twarzą do prowadzącego.

2 Prowadzący mówi zdanie, w którym ktoś wykonuje jakąś czynność, np. „Stolarz tnie piłą drewno".

3 Pozostali muszą pokazać tę czynność na migi, ale tylko wtedy, gdy zdanie jest prawdziwe. Jeśli jest nieprawdziwe, muszą stać nieruchomo.

4 Prowadzący mówi coraz bardziej skomplikowane zdania i coraz trudniej jest zdecydować, czy zdanie jest prawdziwe. Osoba, która popełni błąd, jest eliminowana z gry.

94. Dwoje przyjaciół

W tej sprawiającej wiele radości zabawie dwie piłki nie mogą się spotkać.

Wiek: od 5 lat
Orientacyjny czas: 2 minuty
Ilość uczestników: 8 lub więcej
Materiały: 2 piłki

1 Dzieci stoją w kole twarzą do środka.

2 Jeden uczestnik zabawy trzyma piłkę, a drugie dziecko, stojące możliwie jak najdalej od niego, trzyma drugą piłkę.

3 Piłki to dwoje przyjaciół, którzy pogniewali się na siebie i nie chcą się spotkać. Osoba, która ma jedną piłkę, podaje ją szybko w prawą lub lewą stronę, uważając, żeby obie piłki nie dotarły do niej jednocześnie.

4 Piłek nie wolno rzucać, tylko podawać z ręki do ręki. Jeśli ktoś ją rzuci, druga osoba nie musi jej łapać i piłka wraca do tego, kto ją rzucił.

5 Gdy obie piłki dotrą jednocześnie do tego samego dziecka, jest ono eliminowane z gry. Jeśli w zabawie uczestniczy wiele dzieci, można grać trzema piłkami.

6 Kolejni zawodnicy są stopniowo eliminowani z gry do czasu, gdy zostanie tylko troje.

95. Łapki

Gra sprawdzająca refleks gracza, który nie musi wykonywać wielkich ruchów.

Wiek: od 5 lat
Orientacyjny czas: 2 minuty
Ilość uczestników: 2
Materiały: niepotrzebne

1 Zawodnicy stoją twarzami do siebie. Jeden z nich wysuwa przed siebie dłonie wewnętrzną stroną do góry, a drugi kładzie na nich swoje dłonie wewnętrzną stroną do dołu.

2 Pierwsza osoba musi szybko odwrócić jedną lub obie dłonie i z góry uderzyć ręce przeciwnika.

3 Druga osoba musi w tym czasie szybko zareagować i cofnąć swoje dłonie, żeby uniknąć klapsa.

4 Jeśli pierwsza osoba nie zdąży dać drugiej klapsa, role się zmieniają. Jeśli uda się jej uderzyć dłonie przeciwnika, zostają w tej samej pozycji.

96. Muzyczne krzesła

Niezwykle ekscytująca zabawa w rytm muzyki.

Wiek: od 5 lat
Orientacyjny czas: 10 minut
Ilość uczestników: 7 lub więcej
Materiały: krzesła - o jedno mniej niż ilość uczestników zabawy, magnetofon lub instrument muzyczny

1 Ustawiamy krzesła w kole tak, aby mogły na nich usiąść osoby chodzące wokół nich. Prowadzący zabawę obsługuje magnetofon lub gra na instrumencie, a pozostali stają wokół krzeseł.

2 Gdy muzyka zaczyna grać, wszyscy chodzą wokół krzeseł w rytm muzyki. Gdy tylko muzyka przestaje grać, każdy stara się usiąść na jednym z krzeseł. Osoba, której się to nie udało, odpada z gry.

3 Zabieramy jedno krzesło i znowu włączamy muzykę. Gra trwa tak długo, aż w ostatniej rundzie zostanie tylko jedno krzesło.

2.3 Zabawy na szybkość i refleks

ZABAWY W DOMU

97. Ziemia, woda, powietrze

Emocjonująca gra, w której liczy się refleks.

Wiek: od 5 lat
Orientacyjny czas: 2 minuty
Ilość uczestników: 3 lub więcej
Materiały: kreda

1 Osoba prowadząca grę rysuje kredą linię na ziemi. Jeśli bawicie się w domu, można wykorzystać linię między dwoma rzędami płytek lub paneli.

2 Zawodnicy ustawiają się przodem do linii.

3 Prowadzący głośno mówi „ziemia", „woda" lub „powietrze" w dowolnej kolejności.

4 Gdy pada słowo „woda", zawodnicy skaczą przez linię z nogami jedna przy drugiej. Gdy prowadzący mówi „powietrze", skaczą w miejscu, nie przesuwając się za linię. Na słowo „ziemia", wracają na pozycje startowe.

5 Prowadzący stara się wprowadzić zawodników w błąd, każąc im ustawić się w pozycji, w której już są lub szybko zmieniając kolejność komend. Gdy ktoś poruszy się wtedy, gdy nie powinien lub nie reaguje na komendę, odpada z gry.

2.3 Zabawy na szybkość i refleks

79

ZABAWY W DOMU

98. Stragan

*Zabawa, w której potrzebna jest umiejętność szybkiego reagowania. **„Stragan"** spodoba się szczególnie najmłodszym dzieciom.*

> **Wiek:** od 5 lat
> **Orientacyjny czas:** 10 minut
> **Ilość uczestników:** 3 lub więcej
> **Materiały:** kreda, małe przedmioty takie jak: klucze, pionki do gier, ołówki, itp.

1 Narysuj kredą na ziemi koło o średnicy około dwóch metrów. Jeśli nie możecie rysować na podłodze, wykorzystajcie linie utworzone przez płytki lub panele.

2 Jedna osoba jest sprzedawcą i ustawia swoje produkty na zaznaczonym obszarze, po czym siada w środku koła.

3 Pozostali są złodziejami, poruszają się na czworakach i próbują okraść właściciela straganu.

4 Sprzedawca może zapobiec kradzieży, jeśli dotknie złodzieja nie wychodząc poza koło. Złapany złodziej odpada z gry.

99. Domowy tenis

W tej grze nic się nie potłucze i wszyscy będą dobrze się bawić.

> **Wiek:** od 5 lat
> **Orientacyjny czas:** 10 minut
> **Ilość uczestników:** 2 lub 4
> **Materiały:** sznurek, balon

1 Żeby zrobić siatkę do tenisa, zawiąż sznurek równolegle do podłogi na wysokości ok. 50 cm.

2 Zawodnicy klęczą na podłodze, każdy po swojej stronie siatki. Jeśli jest ich czworo, grają w deblu.

3 Napompujcie balon i zacznijcie grać. Nie wstając z podłogi, zawodnicy muszą jednym uderzeniem ręki przerzucić balon nad siatką. Po drugiej stronie siatki balon może tylko raz odbić się od podłogi zanim przeciwnicy znowu przerzucą go przez siatkę.

4 Jeśli balon nie przeleci przez siatkę, zawodnik wstanie lub uderzy go więcej niż jeden raz, przeciwnik zdobywa punkt. Gra kończy się, gdy jeden z zawodników zdobędzie 15 punktów.

100. Kubek i kulka

„Kubek i kulka" to popularna na całym świecie gra zręcznościowa. Opisana tutaj prosta odmiana tej zabawy zapewni ci dobrą rozrywkę.

Wiek: od 5 lat
Orientacyjny czas: 10 minut
Ilość uczestników: 1
Materiały: plastikowy kubek, sznurek, plastelina

1 Zrób małą dziurkę w dnie kubka.

2 Potem przeciągnij sznurek przez tę dziurkę i zawiąż supeł na jego końcu.

3 Na drugim końcu sznurka umieść plastelinową kulkę, której obwód wynosi ok. trzy centymetry. Teraz możesz zacząć zabawę.

4 Gdy kulka wisi swobodnie na sznurku, musisz wykonać szybki ruch, żeby podskoczyła i wpadła do kubka. Jeśli w zabawie uczestniczy kilkoro dzieci, staraj się robić to lepiej niż inni.

2.3 Zabawy na szybkość i refleks

81

ZABAWY W DOMU

101. Ukryta moneta

Jedna osoba musi zdecydować, kto ma monetę, posługując się tylko słuchem.

Wiek: od 6 lat
Orientacyjny czas: 10 minut
Ilość uczestników: 6 lub więcej
Materiały: duża moneta

1 Wszyscy siadają w kole. Jedna osoba siada w środku, a druga wstaje, trzymając w dłoni monetę.

2 Siedzący uczestnicy zabawy wyciągają przed siebie ręce i składają dłonie. Osoba, która wstała, chodzi w koło i wkłada swoje dłonie między dłonie innych dzieci tak, że może niepostrzeżenie podać komuś monetę, tak jak przedstawiono to na rysunku.

3 Gdy moneta została już przekazana, wszyscy składają dłonie w pięści i nie mówiąc nic, uderzają nimi w podłogę trzy razy. Następnie otwierają dłonie, trzymając je płasko na ziemi.

4 Osoba, która siedzi w środku koła uważnie słucha wszystkich odgłosów i ma trzy szanse na zgadnięcie, gdzie jest moneta.

102. Na opak

Bardzo śmieszna zabawa, w której musisz robić coś zupełnie przeciwnego niż ci każą.

Wiek: od 6 lat
Orientacyjny czas: 2 minuty
Ilość uczestników: 3 lub więcej
Materiały: niepotrzebne

1 Jedna osoba prowadzi zabawę, a pozostałe stoją w rzędzie twarzą do niej.

2 Prowadzący głośno wydaje komendę, np.: „Podskocz", a pozostali muszą jak najszybciej zrobić coś zupełnie przeciwnego, to znaczy ukucnąć.

3 Dziecko, które popełni błąd i nie wykona odwrotnej czynności, odpada z gry.

4 Prowadzący powinien coraz bardziej komplikować swoje instrukcje i określać, którą częścią ciała uczestnicy zabawy muszą wykonać rozkaz, np. „Wystaw do przodu prawą stopę" albo „Opuść lewą rękę", żeby wprowadzić wszystkich w błąd. Jeśli chce, prowadzący może też pokazać niepoprawne czynności, co jeszcze bardziej zdezorientuje maluchy.

103. W zwolnionym tempie

Gra, w której trzeba umieć panować nad swoimi ruchami i poruszać się bardzo powoli.

Wiek: od 6 lat
Orientacyjny czas: 10 minut
Ilość uczestników: 3 lub więcej
Materiały: niepotrzebne

1 Jedna osoba prowadzi zabawę. Wszyscy stoją oparci plecami o ścianę i czekają, aż prowadzący powie „Start".

2 Na komendę wszyscy zaczynają poruszać się tak wolno, jak tylko potrafią w kierunku ściany po drugiej stronie pokoju. Muszą sprawiać wrażenie, jak gdyby biegli w filmie odtwarzanym w zwolnionym tempie.

3 Prowadzący musi sprawdzać, czy nikt nie przestaje się poruszać. Jeśli ktoś się zatrzyma, odpada z gry. Prowadzący powinien też zachęcać wszystkich, żeby poruszali się szybciej, jak gdyby uczestniczyli w normalnym wyścigu.

4 Wygrywa osoba, która ostatnia dotrze do ściany po drugiej stronie pokoju.

104. Prąd elektryczny

Gra, w której trzeba umiejętnie ukrywać to, co się robi, żeby nikt tego nie dostrzegł.

Wiek: od 6 lat
Orientacyjny czas: 10 minut
Ilość uczestników: 8 lub więcej
Materiały: niepotrzebne

1 Wybieramy dwie osoby: jedną, która zacznie zabawę i drugą, która ma za zadanie uważnie obserwować wszystkich pozostałych.

2 Wszyscy z wyjątkiem osoby obserwującej siadają w kole na podłodze i chwytają się za ręce. Obserwator stoi w środku.

3 Osoba zaczynająca grę musi wybrać, komu chce przekazać „prąd" i mówi na przykład: „Przekazuję prąd… Zuzi". Jednocześnie musi ścisnąć dłoń jednej z osób siedzących obok niej tak, żeby nie zauważył tego obserwator.

4 Gdy ktoś poczuje, że inne dziecko ściska jego dłoń, musi potajemnie przekazać ten sygnał tak, żeby dotarł do celu.

5 Obserwator musi odkryć, gdzie przepływa prąd. Jeśli zobaczy, że ktoś ściska czyjąś rękę, wskazuje na dłoń, która przekazuje sygnał i mówi: „tutaj". Jeśli obserwator ma rację, zamienia się miejscami z osobą, którą zdemaskował.

2.3 Zabawy na szybkość i refleks

83

ZABAWY W DOMU

105. Sąsiedzi

Niezwykle zabawna gra, w której trzeba być bardzo szybkim, żeby nie zostać jedyną osobą bez swojego krzesła.

Wiek: od 6 lat
Orientacyjny czas: 10 minut
Ilość uczestników: 7 lub więcej
Materiały: krzesła - o jedno mniej niż ilość uczestników zabawy

1 Wszyscy, z wyjątkiem jednej osoby, siadają na krzesłach w kole.

2 Jedno dziecko stoi w środku, podchodzi do wybranej osoby i pyta: „Lubisz swoich sąsiadów?". Pytana osoba musi odpowiedzieć: „Nie!" Potem pierwsze dziecko pyta: „Na kogo chciałbyś ich zamienić?" Pytany musi wymienić imiona dwóch wybranych osób, które nie siedzą obok niego, np. „Bartka i Hanię".

3 Osoby, które siedzą obok dziecka odpowiadającego na pytania, muszą szybko zamienić się miejscami z dziećmi, których wskazała osoba pytana. Dziecko, które zadawało pytania również musi starać się usiąść na jednym z krzeseł.

4 Jeśli osoba pytana powie: „Przesiadamy się", wszyscy muszą wstać i jak najszybciej zmienić swoje miejsce.

5 Osoba, która została bez krzesła, zadaje pytania w następnej rundzie.

106. Niech żyją Państwo Młodzi!

W tej zabawie trzeba uważnie słuchać opowiadanej historii, żeby wiedzieć, kiedy zmienić swoje miejsce.

Wiek: od 7 lat
Orientacyjny czas: 10 minut
Ilość uczestników: 7 lub więcej
Materiały: krzesła - o jedno mniej niż ilość uczestników zabawy

1 Wszyscy z wyjątkiem jednej osoby siadają w dużym kole.

2 Osoba stojąca w środku jest narratorem i przydziela wszystkim uczestnikom zabawy, również sobie, role gości weselnych (teściowa, przyjaciel, drużba, itp.). Każda rola powinna przypaść co najmniej dwóm osobom.

3 Gdy każdy już ma swoją rolę, narrator zaczyna opowiadać historię wymyślonego wesela. Za każdym razem, gdy narrator wymienia jakiegoś gościa, obie osoby „grające" jego rolę, muszą szybko zamienić się miejscami, ponieważ narrator również będzie próbował zająć miejsce którejś z tych osób.

4 Jeśli w trakcie opowiadania narrator powie: „Niech żyją Państwo Młodzi!", wszyscy muszą wstać, pobiec do środka koła, podskoczyć i krzyknąć „Niech żyją Państwo Młodzi!". Następnie starają się szybko zająć któreś z krzeseł.

5 Osoba, która została bez swojego krzesła, kontynuuje opowieść. Jeśli dzieci biorące udział w zabawie są zbyt małe, żeby samemu opowiadać historię, osoba dorosła powinna być narratorem zamiast dziecka, które nie ma krzesła.

107. Jedna minutka

Prosta zabawa w odliczanie czasu, w której trzeba rozpraszać uwagę innych dzieci, robiąc różne śmieszne miny.

Wiek: od 7 lat
Orientacyjny czas: 2 minuty
Ilość uczestników: 3 lub więcej
Materiały: zegarek

1 Jedna osoba trzyma zegarek. Na jej sygnał pozostali muszą obliczyć, kiedy upłynie jedna minuta i jak najmniej się pomylić.

2 Osoba trzymająca zegarek ma za zadanie robić wszystko, żeby przeszkodzić im w odliczaniu. Może robić śmieszne miny lub różne gesty, żeby zachęcić ich do szybszego lub wolniejszego liczenia.

3 Gdy dziecko uważa, że minuta już upłynęła, mówi „teraz". Osoba, która najmniej się pomyliła w swoich obliczeniach, wygrywa grę i mierzy czas w następnej rundzie.

108. Pip!

Zabawa, w której trzeba uważać na liczby.

Wiek: od 7 lat
Orientacyjny czas: 2 minuty
Ilość uczestników: 6 lub więcej
Materiały: niepotrzebne

1 Dzieci siadają w kole i ustalają swoją kolejność w grze, ponieważ po ostatniej osobie pierwsza zaczyna od nowa.

2 Następnie wybieramy jedną zakazaną cyfrę od 1 do 9.

3 Jedna osoba zaczyna głośno liczyć, a następne mówią kolejne liczby.

4 Przy odliczaniu nie wolno powiedzieć zakazanej cyfry ani liczby, w której występuje ta cyfra, ani też jej wielokrotności. Zamiast tych liczb trzeba powiedzieć „pip!"

5 Osoba, która się pomyli, odpada z gry. Koło staje się coraz mniejsze, a gra szybsza.

109. Sumo z monetami

W tej zabawie trzeba wypchnąć monetę przeciwnika poza pole gry.

Wiek: od 7 lat
Orientacyjny czas: 2 minuty
Ilość uczestników: 2 lub więcej
Materiały: jedna moneta na każdą osobę

1 Zaznaczcie granice płaskiego pola gry, np. część podłogi lub blat stołu.

2 Każda osoba pstryka swoją monetą z końca pola na jego środek.

3 Gdy wszystkie monety są na środku, każdy gracz po kolei pstryka swoją monetą o monety przeciwników, starając się wyrzucić je poza pole gry.

4 Wygrywa osoba, której uda się zatrzymać swoją monetę na polu gry.

110. Łapanie monet

Przy pomocy kilku monet sprawdzamy swoją szybkość i zręczność.

Wiek: od 7 lat
Orientacyjny czas: 2 minuty
Ilość uczestników: 1 lub więcej
Materiały: 5 monet

1 Zginamy rękę do tyłu, żeby dotknąć ramion, a potem podnosimy łokieć, żeby przedramię było w pozycji poziomej tak, jak na rysunku.

2 W tej pozycji kładziemy monetę na łokciu. Teraz trzeba opuścić łokieć tak szybko, żeby zdążyć złapać monetę w dłoń.

3 Jeśli uda ci się to zrobić, następnym razem położ sobie dwie monety.

4 Jeśli w zabawie uczestniczy więcej niż jedna osoba, wygrywa ta, która potrafi złapać największą ilość monet.

2.3 Zabawy na szybkość i refleks

87

ZABAWY W DOMU

111. Alfabet Morse'a

Bardzo emocjonująca gra, w której trzeba szybko reagować.

Wiek: od 8 lat
Orientacyjny czas: 10 minut
Ilość uczestników: 5 lub więcej
Materiały: niepotrzebne

1 Wszyscy siadają w kole i kładą ręce przed sobą, wewnętrzną stroną dłoni do dołu. Lewa ręka powinna być pod ręką osoby z lewej strony, a prawa ręka na ręce osoby z prawej strony.

2 Jedna osoba zaczyna grę, stukając dłonią o podłogę. Dłoń po prawej stronie tej osoby musi powtórzyć ten ruch i dalej robią to wszystkie osoby w kole. Stukanie powinno być coraz szybsze.

3 Jeśli ktoś stuknie dłonią dwa razy z rzędu, kierunek stukania powinien się odwrócić, tzn. zamiast następnej osoby w kole, powinna zastukać poprzednia. Jeśli natomiast ktoś uderzy o podłogę pięścią, oznacza to, że następna dłoń nie może stuknąć o podłogę i zamiast niej stukot kontynuuje kolejna dłoń.

4 Jeśli ktoś zastuka o podłogę nie w porę lub zrobi to zbyt wolno albo za późno, musi położyć za plecami dłoń, która popełniła błąd i zostawić ją tam.

112. Butelka

W tej grze oprócz refleksu trzeba mieć trochę siły i zaufania do grupy.

Wiek: od 10 lat
Orientacyjny czas: 10 minut
Ilość uczestników: 7 lub więcej
Materiały: niepotrzebne

1 Jedna osoba jest „butelką" i stoi prosto, trzymając ręce złożone na klatce piersiowej.

2 Pozostali siedzą na podłodze, trzymając wyprostowane nogi na kostkach tej osoby.

3 Na dany sygnał osoba ta musi powoli przewrócić się w dowolnym kierunku, nie zginając pleców ani kolan.

4 Dzieci siedzące po stronie, w którą spada butelka, muszą wysunąć ręce do przodu i popchnąć ją w przeciwnym kierunku.

5 Gdy ktoś nie zareaguje wystarczająco szybko lub nie popchnie przewracającego się dziecka wystarczająco mocno i butelka przewróci się na niego, osoba ta zostaje butelką w następnej rundzie.

2.4

Zabawy na przyjęcie

Przyjęcie urodzinowe lub odwiedziny gości to doskonałe okazje do rozrywki.

Takie okazje idealnie nadają się do urządzania wspólnych gier.

Zabawy przedstawione w tym rozdziale można przeprowadzić w pokoju,

lecz można je przenieść także na taras lub do ogrodu, jeśli jest ładna pogoda.

Oczywiście nie musicie czekać na przyjęcie, żeby je wypróbować.

113. Chodzenie po balonach

Im więcej osób uczestniczy w tej zabawie, tym jest weselej.

Wiek: od 5 lat
Orientacyjny czas: 10 minut
Ilość uczestników: 6 lub więcej
Materiały: jeden balon na osobę, sznurek

1 Każda osoba ma balon, który musi napompować i przywiązać sobie do kostki.

2 Na dany sygnał do rozpoczęcia gry każdy musi się starać nadepnąć na balon innej osoby, lecz jednocześnie nie może pozwolić, żeby ktoś inny zrobił to z jego balonem.

3 Osoby, których balony pękły, odpadają z gry.

4 Zwycięża dziecko, któremu udało się ochronić swój balon do końca zabawy.

114. Przypnij osiołkowi ogonek

To, co robi osoba z opaską na oczach, jest zawsze powodem do śmiechu.

Wiek: od 5 lat
Orientacyjny czas: 10 minut
Ilość uczestników: 5 lub więcej
Materiały: tektura, kredki, pinezka, sznurek, opaska na oczy

1 Narysuj na tekturze osiołka bez ogona i powieś rysunek na ścianie. Zrób też ogon ze sznurka, strzępiąc jego jeden koniec, a w drugi włóż pinezkę.

2 Wybranej osobie zakładamy opaskę na oczy. Jej zadaniem jest przypiąć osiołkowi ogonek.

3 Trzymając ogonek w ręce, osoba z opaską na oczach jest obracana kilka razy, a potem musi słuchać wskazówek innych osób, żeby przypiąć ogonek w odpowiednim miejscu.

4 Przed przypięciem ogonka nie wolno dotykać rysunku. Skutki tej zabawy są zazwyczaj bardzo śmieszne.

115. Podaj paczkę

Niespodzianka na końcu tej ekscytującej gry jest najmniej ważna.

Wiek: od 5 lat

Orientacyjny czas: 10 minut

Ilość uczestników: 6 lub więcej

Materiały: pudełka, papier, przezroczysta taśma klejąca, cukierek, magnetofon

1 Zanim zaczniecie się bawić, trzeba zrobić wielką paczkę, wkładając małe pudełko do wielu coraz większych pudełek. Opakujcie każde pudełko papierem do pakowania prezentów, a do środka najmniejszego pudełka włóżcie cukierek lub inny mały prezent.

2 Wszyscy siadają w kole i włączamy muzykę.

3 Gdy gra muzyka, dzieci kolejno przekazują paczkę osobie, która siedzi obok. Gdy muzyka przestaje grać, osoba, która trzyma paczkę, może zacząć szybko ją odpakowywać do chwili, gdy magnetofon znowu zostanie włączony.

4 Osoba, której uda się odpakować ostatnie pudełko, zatrzymuje sobie jego zawartość.

116. Wyścig z jajkiem

W tej pasjonującej zabawie każde dziecko wygrywa jajko, którym się bawiło.

Wiek: od 5 lat

Orientacyjny czas: 2 minuty

Ilość uczestników: 2 lub więcej

Materiały: łyżka i jedno ugotowane na twardo jajko dla każdej osoby

2 Na drugim końcu pokoju ustawiamy dwa krzesła w odległości dwóch metrów od ściany.

3 Na komendę wszyscy zaczynają iść, starając się, żeby jajko nie spadło im z łyżki. Jeśli jajko spadnie, trzeba się zatrzymać i położyć je z powrotem.

1 Wszyscy stoją w jednym końcu pokoju, trzymając w ustach łyżkę, na której położono jajko.

4 Zwycięża osoba, której uda się przejść dookoła krzesła i wrócić na linię startu.

117. Nos przy nosie

Niełatwa zabawa wymagająca dobrej równowagi i wywołująca sporo śmiechu.

Wiek: od 6 lat
Orientacyjny czas: 2 minuty
Ilość uczestników: 8 lub więcej
Materiały: zewnętrzne części (nasuwki) pudełek od zapałek

1 Dzieci dzielą się na dwie drużyny i stoją w rzędzie z rękami z tyłu.

2 Na komendę pierwsza osoba w każdym rzędzie kładzie sobie na nos nasuwkę pudełka od zapałek i próbuje podać ją sąsiadowi bez używania rąk.

3 Jeśli nasuwka spadnie, osoba, która ją podawała, kładzie ją z powrotem na nos.

4 Wygrywa ta grupa, która pierwsza poda nasuwkę ostatniej osobie w rzędzie.

118. Pomieszanie z poplątaniem

W tej zabawie trzeba umieć rozwiązywać supełki.

Wiek: od 6 lat
Orientacyjny czas: 10 minut
Ilość uczestników: 2 lub więcej
Materiały: niepotrzebne

1 Jedna osoba odwraca się plecami do pozostałych, które tworzą łańcuch, chwytając się za ręce.

2 Dziecko z końca łańcucha przechodzi pod lub nad rękami lub nogami innych osób, próbując zrobić ogromny supeł ze wszystkich dzieci.

3 Gdy uczestnicy zabawy nie potrafią zaplątać się jeszcze bardziej, wszyscy tłoczą się w jednym miejscu i pozwalają pierwszej osobie się odwrócić.

4 Osoba ta musi „rozwiązać" supeł i ustawić wszystkich tak, jak stali na początku.

119. Załóż krzesłu buty

Zabawa w poszukiwanie butów, w której wszyscy mają opaski na oczach, lecz nikt się nie przewróci, bo każdy chodzi na czworakach.

Wiek: od 6 lat

Orientacyjny czas: 2 minuty

Ilość uczestników: 2 lub więcej

Materiały: krzesło, opaska i cztery buty dla każdego dziecka

1 Krzesła ustawiamy w końcu pokoju i każdemu dziecku przydzielamy jedno.

2 Zakładamy opaski na oczy, a na podłodze kładziemy w różnych miejscach cztery buty dla każdego uczestnika zabawy.

3 Dzieci chodzą na czworakach i szukają butów po omacku.

4 Gdy dziecko znajdzie jakiś but, musi wrócić do swojego krzesła i założyć go na jedną z nóg krzesła. Ważne jest, żeby przy zakładaniu butów nie pomylić krzeseł.

5 Wygrywa pierwsza osoba, która założy cztery buty na nogi swojego krzesła.

120. Karmienie po omacku

Klasyczna zabawa na przyjęcie, która zawsze jest świetną rozrywką. Przy okazji można się bezkarnie ubrudzić i najeść budyniu.

Wiek: od 6 lat

Orientacyjny czas: 2 minuty

Ilość uczestników: 2 lub więcej

Materiały: miseczka z budyniem czekoladowym, herbatniki, opaski na oczy, fartuchy lub śliniaki

1 Dwie osoby siadają naprzeciwko siebie. Na oczach mają zawiązane opaski, a pod szyją śliniaki, żeby nie ubrudzić ubrań.

2 Między nimi stawiamy miseczkę z budyniem i każdej osobie dajemy herbatnik.

3 Dzieci nabierają odrobinę budyniu na herbatnik i próbują nakarmić drugą osobę.

4 Gra kończy się, gdy jedna osoba zje całego herbatnika.

121. Gąsienica

Śmieszny wyścig zespołowy, który można urządzić w dużym pokoju.

Wiek: od 6 lat
Orientacyjny czas: 10 minut
Ilość uczestników: 6 lub więcej
Materiały: 2 piłki

1 Uczestnicy zabawy dzielą się na dwa zespoły i siadają na podłodze jeden za drugim w dwóch szeregach. Każdy siada między rozłożonymi nogami osoby, którą ma za plecami.

2 Osoba na początku każdej „gąsienicy" trzyma piłkę i na sygnał przekazuje piłkę osobie siedzącej za nią.

3 Gdy ostatnia osoba w „gąsienicy" dostanie piłkę, musi szybko wstać i pobiec na początek szeregu, żeby „gąsienica" poruszyła się do przodu.

4 Jeśli piłka upadnie na podłogę, trzeba zwrócić ją na początek szeregu i podawać ją do tyłu jeszcze raz.

5 Wygrywa zespół, który pierwszy dotrze do drugiego końca pokoju.

122. Balonowa niespodzianka

Świetna zabawa pełna niespodzianek.

Wiek: od 6 lat
Orientacyjny czas: 10 minut
Ilość uczestników: 6 lub więcej
Materiały: balony, sznurek, przezroczysta taśma klejąca, nakrętka od słoika, pinezki, słodycze, mąka, konfetti

1 Do balonów wkładamy trochę słodyczy, odrobinę mąki i konfetti. Następnie pompujemy balony i przywiązujemy je sznurkiem kilka centymetrów nad głowami dzieci.

2 Pierwsza osoba dostaje nakrętkę od słoika, na której umieszczono pinezki przy pomocy taśmy klejącej.

3 Osoba ta musi podskoczyć i starać się przebić balon pinezkami.

4 Gdy balon pęknie, każdy może wziąć sobie cukierka, choć na osobę, która przebiła balon posypała się mąka i „deszcz" konfetti. Jeśli bawicie się na powietrzu, do balonów można nalać także trochę wody.

123. Podawanie pomarańczy

W tej zabawie potrzebna jest duża zręczność... podbródka i szyi!

Wiek: od 7 lat
Orientacyjny czas: 2 minuty
Ilość uczestników: 8 lub więcej
Materiały: jedna pomarańcza dla każdego zespołu

1 Uczestnicy zabawy dzielą się na dwa zespoły. Każda drużyna ustawia się w koło.

2 Pierwsza osoba z każdego zespołu trzyma pomarańczę, przyciskając ją podbródkiem do klatki piersiowej.

3 Na dany sygnał zawodnicy muszą podawać ją kolejnej osobie, która musi wziąć ją tylko przy pomocy podbródka i szyi, bez używania rąk. Jeśli pomarańcza upadnie, osoba, która próbowała ją podać, podnosi ją i próbuje zrobić to jeszcze raz.

4 Wygrywa zespół, któremu jako pierwszemu uda się przekazać pomarańczę od pierwszej osoby do ostatniej.

124. Uciekający podwieczorek

Klasyczna gra na przyjęcie, w której trzeba wykazać się szybkością i dobrymi zębami.

Wiek: od 7 lat
Orientacyjny czas: 2 minuty
Ilość uczestników: 4 lub więcej
Materiały: sznurek, jedno jabłko dla każdego uczestnika

1 Powieś jabłka na sznurkach na wysokości ust każdego dziecka.

2 Na dany sygnał każdy próbuje ugryźć swoje jabłko, trzymając ręce z tyłu.

3 Zwycięzcą zostaje osoba, która po upływie określonego czasu zjadła największą część swojego jabłka.

125. Robienie min

Robienie min to śmieszna zabawa zarówno dla obserwatorów, jak i uczestników zabawy, z których każdy w nagrodę dostaje herbatnika.

Wiek: od 7 lat
Orientacyjny czas: 2 minuty
Ilość uczestników: 4 lub więcej
Materiały: jeden herbatnik dla każdego

1 Wszyscy stoją z głowami przechylonymi nieco do tyłu i rękami na plecach.

2 Na ich czołach kładziemy herbatnika i dajemy sygnał do rozpoczęcia zabawy.

3 Robiąc przeróżne miny, dzieci muszą sprawić, że herbatnik wpadnie im do ust.

4 Zwycięża pierwsza osoba, której uda się ugryźć herbatnika, chociaż najważniejsze w tej zabawie jest to, żeby dobrze bawić się, oglądając miny zawodników.

126. Parada z balonami

Gra zręcznościowa, w której trzeba skierować balon do pudełka.

Wiek: od 7 lat
Orientacyjny czas: 2 minuty
Ilość uczestników: 4 lub więcej
Materiały: balon, ołówek lub kredka i pudełko na tyle duże, żeby zmieścił się w nim balon - dla każdego dziecka

1 Zawodnicy stoją przy ścianie z napompowanym balonem w jednej ręce, a w drugiej trzymają ołówek za zatemperowany czubek. W drugim końcu pokoju ustawiamy pudełko dla każdego zawodnika.

2 Na dany sygnał dzieci podrzucają balony do góry i próbują skierować je do pudełka, posługując się w tym celu tylko czubkiem ołówka.

3 Wygrywa pierwsza osoba, której uda się ten wyczyn.

127. Podaj wodę!

Idealna zabawa na przyjęcia w lato, bo wielu zawodników nie uniknie zamoczenia.

Wiek: od 7 lat
Orientacyjny czas: 2 minuty
Ilość uczestników: 5 lub więcej
Materiały: plastikowy kubek dla każdej osoby

2.4 Zabawy na przyjęcie

98

1 Wszyscy stoją w kole z rękami do tyłu i trzymają w ustach plastikowy kubek.

2 Na początku zabawy napełniamy wodą kubek jednej osoby.

3 Jej zadaniem jest przelać tę wodę do kubka sąsiada bez używania rąk.

4 Zawodnicy przekazują ją dopóty, dopóki woda się nie skończy. Policzcie ilość zawodników, którzy uczestniczyli w tej zabawie, a w następnej turze spróbujcie lepiej poradzić sobie z tym zadaniem.

ZABAWY W DOMU

128. Wyścig z cytryną

W tym wyścigu trzeba dobrze skoordynować ruchy swoje i swojego partnera, żeby dotrzeć do mety.

Wiek: od 7 lat
Orientacyjny czas: 2 minuty
Ilość uczestników: 4 lub więcej
Materiały: jedna cytryna dla każdej pary zawodników

1 Zawodnicy stoją w parach w jednym końcu pokoju, trzymając cytrynę między czołami, nie używając rąk.

2 Wszystkie pary muszą dotrzeć do drugiego końca pokoju, starając się nie upuścić cytryny.

3 Jeśli cytryna spadnie na podłogę, zawodnicy powinni zatrzymać się i włożyć ją z powrotem na swoje miejsce.

4 Pary muszą dotrzeć do ściany w drugim końcu pokoju i dotknąć ją. Wygrywa ta, która pierwsza wróci na linię startu.

129. Drażetki i słomka

W tej zabawie przyda się zręczność i cierpliwość.

Wiek: od 7 lat
Orientacyjny czas: 2 minuty
Ilość uczestników: 2 lub więcej
Materiały: drażetki, słomka i dwa talerze dla każdego zawodnika

1 Każde dziecko trzyma w ustach słomkę, a przed nim stawiamy dwa talerze, na których kładziemy po dziesięć drażetek.

2 Zawodnicy muszą przenieść drażetki z jednego talerza na drugi, zasysając czekoladowe kulki tak, żeby przylgnęły do końca słomki.

3 Zwycięża osoba, która najszybciej przeniesie wszystkie swoje drażetki.

130. Latająca bibułka

Śmieszna zabawa, w której trzeba wstrzymać oddech i nie śmiać się.

Wiek: od 8 lat
Orientacyjny czas: 2 minuty
Ilość uczestników: 5 lub więcej
Materiały: bibułka

2 Na początku zabawy pierwsza osoba kładzie sobie bibułkę na nos i wciąga powietrze, co nie pozwala bibułce spaść.

3 Następnie zawodnik musi przekazać ją kolejnej osobie, która powinna wziąć ją w ten sam sposób.

4 Gra kończy się, gdy ktoś upuści bibułkę. Jeśli w zabawie uczestniczą rywalizujące ze sobą zespoły, możecie policzyć, ilu zawodnikom uda się przekazać bibułkę zanim upadnie.

1 Wszyscy zawodnicy stoją w kole. Jedna osoba trzyma kawałek bibułki.

131. Studnia

Gra zespołowa, w której trzeba uważnie słuchać instrukcji prowadzącego, żeby nie popełnić błędu.

Wiek: od 8 lat
Orientacyjny czas: 2 minuty
Ilość uczestników: 5 lub więcej
Materiały: niepotrzebne

1 Wybieramy osobę, która poprowadzi zabawę.

2 Wszyscy łącznie z prowadzącym stoją w kole.

3 Wszyscy wyciągają przed siebie prawą rękę i formują „studnię", która ma kształt wpółotwartej pięści.

4 Prowadzący będzie mówił różne słowa, np. „studnia", „taras" lub „okna", które trzeba wyrazić jakimś gestem przy pomocy wolnej ręki.

5 Gdy prowadzący powie „moja studnia", trzeba włożyć palec wolej ręki do „studni" uformowanej drugą ręką. Gdy powie „mój taras", trzeba dotknąć swojego czoła, „moje okna" - oczu, „moje drzwi" - uszu, choć można wymyślić inne zasady.

6 Jeśli prowadzący powie „studnia sąsiada", każdy musi włożyć palec w dłoń osoby stojącej obok.

Rozdział 3

ZABAWY NA POWIETRZU

3.1

Zabawy w wybieranie

Zabawy te pomogą wam podzielić wszystkich na zespoły, zdecydować,

jaka będzie ostatnia liczba w wyliczance lub wybrać osobę, która zacznie zabawę.

Decyzje te możecie podjąć szybko i w atmosferze zabawy,

a potem będziecie gotowi na kolejną grę.

Niektóre z tych zabaw można po prostu wykorzystać,

żeby wypełnić czas.

132. Ślepy los

Dzięki tej zabawie w jednej chwili wybierzecie na chybił trafił dwa zespoły lub więcej.

Wiek: od 5 lat
Orientacyjny czas: 2 minuty
Ilość uczestników: 7 lub więcej
Materiały: niepotrzebne

1 Wybierzcie dwie osoby, które będą kapitanami, na przykład: Piotrek i Marysia.

2 Jedna osoba zakrywa oczy, a pozostali przechodzą obok niej i dotykają jej ramienia. Za każdym razem, gdy ktoś ją dotyka, osoba ta mówi „Piotrek" albo „Marysia" i w ten sposób dzieci zostają członkami dwóch drużyn.

3 Gdy zostanie już niewiele dzieci, które jeszcze nie mają swojego zespołu, trzeba powiedzieć osobie z zakrytymi oczami, ilu zawodników musi wybrać do każdej drużyny, żeby były równe, np. „Dwoje do Piotrka i jeden do Marysi".

133. Linie

Ta wesoła zabawa pozwoli szybko wybrać jedną osobę.

Wiek: od 5 lat
Orientacyjny czas: 2 minuty
Ilość uczestników: 2 lub więcej
Materiały: jeden kamyk na zawodnika, kreda

1 Narysuj na ziemi dwie linie w odległości około trzech metrów od siebie. Wszyscy stają za jedną z linii z kamykiem w ręce. Jeśli nie macie kredy, możecie stanąć przed ścianą, a linia będzie tam, gdzie ściana styka się z ziemią.

2 Każdy zawodnik rzuca swoim kamykiem, starając się, żeby zatrzymał się jak najbliżej ściany lub linii.

3 Osoba, której kamień jest najbliżej, zacznie następną zabawę.

134. Kamień, papier, nożyczki

Jedna z najbardziej popularnych zabaw wykorzystywanych do tego, żeby wybrać pierwszego zawodnika. Jest znana na całym świecie pod różnymi nazwami, lecz wszędzie obowiązują te same zasady.

Wiek: od 5 lat
Orientacyjny czas: 2 minuty
Ilość uczestników: 2
Materiały: niepotrzebne

1 Dwoje zawodników stoi twarzą do siebie z jedną ręką z tyłu i mówi: „Raz, dwa, trzy, kamień, papier, nożyczki, raz, dwa, trzy".

2 Gdy tylko skończą tą wyliczankę, wyciągają ręce, które trzymali za plecami i pokazują nimi jedną z trzech figur: kamień czyli zaciśniętą pięść, papier - wyciągniętą płasko dłoń albo nożyczki - wyciągnięty palec wskazujący i środkowy, a pozostałe palce zgięte.

3 Papier wygrywa z kamieniem, bo może go opakować, kamień wygrywa z nożyczkami, bo może je stępić, a nożyczki wygrywają z papierem, bo mogą go pociąć. Zawodnicy muszą rękami pokazać jedną z tych czynności. Jeśli oboje mają tę samą figurę, nie ma zwycięzcy i trzeba grać jeszcze raz.

4 Aby zostać osobą, która zacznie następną zabawę, trzeba wygrać trzy takie pojedynki.

135. Parzysta i nieparzysta

Bardzo szybki sposób wyboru pierwszego zawodnika.

Wiek: od 7 lat
Orientacyjny czas: 2 minuty
Ilość uczestników: 2
Materiały: niepotrzebne

1 Na początku jedna osoba wybiera liczbę parzystą, a druga nieparzystą.

2 Zawodnicy chowają jedną rękę za plecy i odliczają do trzech. Na „trzy" wyjmują ręce zza pleców i pokazują dowolną ilość prostych albo zgiętych palców.

3 Dodajemy wyciągnięte palce i jeśli ich suma jest liczbą parzystą, wtedy wygrywa osoba, która wybrała taką liczbę na początku, a jeśli nieparzysta – zwycięża przeciwnik. Zazwyczaj zawodnicy mają trzy szanse na wygranie, ale można zmienić tę zasadę, żeby skrócić wybieranie zwycięzcy.

136. Palce

Ta zabawa pozwoli wam zdecydować, jaka będzie ostatnia liczba w wyliczance.

Wiek: od 7 lat
Orientacyjny czas: 2 minuty
Ilość uczestników: 2
Materiały: niepotrzebne

1 Osoba, która będzie krzyczała „Stop!", odwraca się, a drugie dziecko dotyka jej pleców dowolnym palcem.

2 Potem pierwsza osoba odwraca się z powrotem, a druga krzyżuje ręce i wyciąga je, rozkładając palce szeroko tak, jak na rysunku.

3 Pierwsza osoba dotyka palców drugiej, próbując zgadnąć, którym dotknęła jej pleców. Za każdym razem, gdy wybierze niewłaściwy palec, wyliczanka wydłuża się o dziesięć. W czasie zgadywania należy odliczać „10, 20, 30". Zabawa kończy się, gdy dziecko zgadnie, którym palcem zostało dotknięte i musi teraz policzyć do ustalonej w ten sposób liczby.

137. Paczki

Odrobina zabawy zanim wybierzecie skład zespołów.

Wiek: od 7 lat
Orientacyjny czas: 10 minut
Ilość uczestników: 8 lub więcej
Materiały: niepotrzebne

1 Jedna osoba prowadzi zabawę i decyduje, z ilu osób powinna składać się każda „paczka". Prowadzący mówi na przykład: „3 sztuki w paczce".

2 Wszyscy tworzą trzyosobowe grupy, trzymając się z ręce.

3 Prowadzący dalej tworzy różne paczki o dowolnej wielkości. Na końcu prowadzący mówi liczbę, która odpowiada połowie osób wchodzących w skład paczki. Grupy utworzone tym razem, będą dwoma zespołami rywalizującymi ze sobą w następnej grze.

Zabawy na podłodze

Z pomocą kredy powierzchnia podłogi w waszym pokoju może zmienić się

w ogromną planszę do gry. Żeby miło spędzić czas,

wystarczy tylko ochota do zabawy, grupa kolegów

i koleżanek oraz kilka zwykłych, używanych na co dzień przedmiotów.

W tej części przedstawiamy najbardziej popularne gry oraz nieco mniej znane zabawy.

Wymagają one pomysłowości, zręczności, dokładności i innych cech.

Znajdziecie tu odpowiednie zabawy zarówno dla mniej,

jak i bardziej ruchliwych dzieci.

138. Zakopana wstążka

Wciągająca zabawa polegająca na szukaniu zakopanej wstążki. Żeby się bawić w „Zakopaną wstążkę" wystarczy tylko piasek.

Wiek: od 5 lat

Orientacyjny czas: 10 minut

Ilość uczestników: 3 lub więcej

Materiały: wstążka zawiązana w kształcie pętli i krótki patyk dla każdego dziecka

1 Narysujcie koło na piasku. Jedna osoba zakopuje wstążkę, podczas gdy inni są odwróceni plecami. Dziecko, które ukrywa wstążkę, może zrobić małe górki i dziury, żeby wprowadzić szukających w błąd.

2 Gdy wstążka zostanie już ukryta, pozostali odwracają się i po kolei wkładają swój patyk w piasek, żeby odnaleźć wstążkę i wyciągnąć ją na patyku.

3 Wygrywa osoba, której się to uda i to ona może ukryć wstążkę jeszcze raz.

139. Zamek królewski

Tylko jedna osoba może zamieszkać w zamku królewskim. Inni będą jej zazdrościć.

Wiek: od 5 lat

Orientacyjny czas: 2 minuty

Ilość uczestników: 3 lub więcej

Materiały: kreda

1 Narysujcie kredą zamek na podłodze. Powinien być na tyle duży, żeby wszyscy naraz mogli się w nim zmieścić.

2 Dzieci siadają plecami do siebie w środku zamku.

3 Na dany sygnał wszyscy zaczynają przepychać się plecami, starając się wypchnąć kolegów i koleżanki poza zamek. Każdy, kto przekroczy linię swoją stopą, odpada z gry.

4 Ostatnia osoba, która pozostanie w zamku, wygrywa grę i zostaje królem lub królową.

140. Małe zapasy

Niezwykle dynamiczna zabawa, która na pewno rozbawi maluchy. Zawodnicy muszą dobrać się w pary.

Wiek: od 5 lat
Orientacyjny czas: 10 minut
Ilość uczestników: 2 lub więcej
Materiały: niepotrzebne

1 Jedna osoba leży na ziemi na brzuchu, a druga klęczy obok niej.

2 Gdy pierwsza z nich powie „Start", druga próbuje podnieść jej brzuch i trzymać go przez chwilę nad ziemią.

3 Jeśli uda jej się policzyć do dziesięciu, ciągle trzymając przeciwnika w górze, wygrywa ten pojedynek.

4 W drugiej rundzie zawodnicy zmieniają się rolami.

141. Głodny potwór

Prosta zabawa, którą z pewnością polubią najmłodsze dzieci. Głodny potwór tylko czeka, żeby cię zjeść!

Wiek: od 5 lat
Orientacyjny czas: 10 minut
Ilość uczestników: 6 lub więcej
Materiały: kreda

1 Narysuj potwora z wielką paszczą, podobnego do tego na rysunku.

2 Wszystkie dzieci stają wewnątrz potwora, jak najdalej od jego paszczy.

3 Na dany sygnał wszyscy starają się wepchnąć kolegów i koleżanki do paszczy potwora.

4 Osoby „pożarte" przez potwora, zostają w jego paszczy i mogą wciągnąć tam innych.

142. Kręgle

„Kręgle" to bardzo popularny sport o wielu odmianach. Zasady, które tu przedstawiamy, są bardzo proste - idealne dla najmłodszych.

Wiek: od 5 lat
Orientacyjny czas: 10 minut
Ilość uczestników: 2 lub więcej
Materiały: piłka o średnicy około 10 cm, 6 kręgli

1 Narysuj linię na ziemi, a około pięć metrów dalej zaznacz miejsce, gdzie będą stały kręgle i ustaw je tak, jak na rysunku. Kręgle można kupić albo zrobić z plastikowych butelek, do których sypiemy kilka garści piachu. Dobrze jest ustawić je przy ścianie, żeby nie chodzić daleko po piłkę.

2 Każdy gracz po kolei wykonuje trzy rzuty piłką i dostaje jeden punkt za każdy kręgiel, który uda mu się przewrócić. W trakcie jednej kolejki przewrócone kręgle można podnieść tylko wtedy, gdy zawodnik strącił je wszystkie.

3 Gdy gracz strąci wszystkie kręgle, nawet jeśli potrzebował do tego dwóch lub trzech rzutów, ma prawo do jeszcze jednego rzutu i dostaje pięć dodatkowych punktów.

4 W kręgle gra się zazwyczaj do 50 punktów. Wygrywa osoba, która jako pierwsza zdobędzie taką ilość punktów.

143. Kartki z obrazkami

Bardzo popularna gra, w której trzeba wykazać się zdolnościami manualnymi, najpierw przy przygotowywaniu własnych karteczek, a potem w trakcie gry.

Wiek: od 6 lat

Orientacyjny czas: 10 minut

Ilość uczestników: 2 lub więcej

Materiały: małe zdjęcia lub karteczki z obrazkami, które trzeba narysować samemu lub przerysować

1 Każdy gracz potrzebuje kilka karteczek z obrazkami. Są to zazwyczaj małe obrazki, kwadratowe lub okrągłe o średnicy około 3 cm, które można kupić, narysować albo wyciąć z gazety.

2 Wszystkie karteczki kładziemy na ziemi w kupce w jednym miejscu. Każdy gracz musi położyć tyle samo karteczek, chyba że któraś karteczka jest warta więcej niż inne normalne obrazki. Karteczki kładziemy wierzchnią stroną do góry.

3 Pierwsza osoba uderza dłonią w stos karteczek, starając się odwrócić ich jak największą ilość.

4 Jeśli jej się to uda, gracz może zatrzymać sobie odwrócone karteczki i próbuje zrobić to jeszcze raz. Następna osoba może uderzyć w stos karteczek dopiero wtedy, gdy poprzedniemu graczowi nie udało się odwrócić żadnego obrazka.

144. Właściciel osiołka

Jeśli nie chcesz nosić kolegów jak osiołek, musisz popisać się dobrym refleksem.

Wiek: od 6 lat

Orientacyjny czas: 10 minut

Ilość uczestników: 4 lub więcej

Materiały: kreda

1 Narysujcie na ziemi koło o średnicy około trzech metrów i ustawcie w nim dwoje zawodników. Jeden jest osiołkiem i klęczy, a drugi – właściciel osiołka – nie może pozwolić, żeby inni dotykali zwierzęcia.

2 Pozostali zawodnicy stoją na zewnątrz koła i próbują dotknąć osiołka tak, żeby nie dotknął ich właściciel.

3 Jeśli komuś to się uda, osiołek musi przejść jedno kółko, niosąc tę osobę na plecach.

4 Jeśli właścicielowi uda się dotknąć któregoś z graczy, osiołek zostaje właścicielem, złapana osoba zostaje osiołkiem, a dotychczasowy właściciel opuszcza koło.

145. Kapsle

*Bardzo znana gra, przy której na pewno będziecie się świetnie bawić. Żeby grać w **„Kapsle"**, nie potrzeba wielu pomocy.*

Wiek: od 6 lat

Orientacyjny czas: 30 minut

Ilość uczestników: 2 lub więcej

Materiały: kreda i metalowy lub plastikowy kapsel dla każdej osoby

1 Narysujcie kredą trasę wyścigu pełną zakrętów i wąskich odcinków. Nie zapomnijcie o linii startu i mecie.

2 Każdy gracz kładzie swój kapsel na linii startu. Zawodnicy po kolei pstrykają swoje kapsle tak, żeby przebyły jak najdłuższą drogę, nie wychodząc poza linię trasy.

3 Jeśli kapsel zatrzymał się na torze, może tam zostać, lecz jeśli wypadł z trasy, wraca na miejsce, gdzie przekroczył linię i czeka na następną kolejkę.

4 Wyścig może być jeszcze trudniejszy i bardziej ekscytujący, jeśli na trasie umieścimy małe przeszkody, np. kamyki, patyki, itp.

5 Pierwsza osoba, która przekroczy linię mety, zostaje zwycięzcą.

3.2 Zabawy na podłodze

111

ZABAWY NA POWIETRZU

146. Koła

Zwykła zabawa w trafianie do celu, którą można urządzić wszędzie na powietrzu.

Wiek: od 6 lat
Orientacyjny czas: 10 minut
Ilość uczestników: 2 lub więcej
Materiały: kreda, trzy monety

1 Narysuj kilka kół tak, jak na ilustracji. W każdym z nich napisz dodatnią lub ujemną liczbę, która będzie oznaczać ilość punktów. Można też napisać różne reguły gry, np.: „zdobywasz trzy dodatkowe rzuty" lub „tracisz kolejkę".

2 Pierwszy gracz stoi za linią narysowaną na ziemi i rzuca trzema monetami, próbując wrzucić je do najlepszych kół.

3 Gdy moneta wpadnie do jakiegoś koła, zapisujemy wynik i postępujemy zgodnie z zasadą w nim zapisaną. Jeśli moneta upadnie poza koło lub na linię, gracz nie zdobywa punktu.

4 Zwycięża osoba, która jako pierwsza osiągnie określony wynik, najczęściej jest to 100 punktów.

147. Sej

„Sej" to afrykańska zabawa, idealna na plażę lub inne piaszczyste miejsce. Trzeba umieć trafiać do celu i wprowadzać przeciwnika w błąd.

Wiek: od 6 lat
Orientacyjny czas: 10 minut
Ilość uczestników: 2
Materiały: kamyk, piaszczyste miejsce

1 Dwoje graczy rysuje dwa koła, jedno wewnątrz drugiego - zgodnie z rysunkiem. Dzieci siadają naprzeciwko siebie i każde z nich robi przed sobą trzy dołki w piasku.

2 Pierwsza osoba bierze kamyk, zwany „tibi" i dwie garście piachu, po czym składa dłonie. Następnie napełnia trzy dołki piaskiem i pozwala kamykowi wpaść do jednej z nich tak, że zostanie przysypany piaskiem.

3 Druga osoba musi zgadnąć, w którym dołku jest kamyk i wskazać ten dołek.

4 Jeśli jej się to uda, teraz ona może chować „tibi". Jeśli jej się nie powiedzie, druga osoba robi następny dołek po prawej stronie starych dołków i powtarza poprzednią czynność. Nie można jednak wrzucić „tibi" do tego samego dołka.

5 Za każdym razem, gdy przeciwnik nie odnajdzie kamyka, gracz robi nowy dołek. Wygrywa osoba, której dołki zbliżą się do dołków przeciwnika.

148. Przeciąganie

*W tej emocjonującej zabawie trzeba mieć na tyle
siły, żeby podnieść przeciwnika z ziemi.*

Wiek: od 7 lat
Orientacyjny czas: 2 minuty
Ilość uczestników: 2
Materiały: sztywny patyk o długości około 40 cm

1 Dwaj zawodnicy siedzą przed sobą z wyprostowanymi nogami, a każdy z nich opiera swoje stopy na stopach przeciwnika.

2 Oboje chwytają za patyk w ten sposób, że ich lewe dłonie są między dłońmi przeciwnika.

3 Na dany sygnał zaczynają ciągnąć patyk w swoją stronę, starając się unieść przeciwnika z ziemi.

4 Wygrywa osoba, której powiedzie się to jako pierwszej.

149. Wyrywanie marchewek

W tej grze można w zabawny sposób sprawdzić swoją siłę.

Wiek: od 7 lat
Orientacyjny czas: 10 minut
Ilość uczestników: 5 lub więcej
Materiały: niepotrzebne

1 Wybieramy osobę, która zacznie wyrywanie „marchewek".

2 Pozostałe osoby są „marchewkami" i siedzą na podłodze jedna za drugą. Każdy siedzi między nogami osoby za plecami.

3 Zawodnicy trzymają ręce na talii osoby siedzącej z przodu, pewnie lecz ostrożnie.

4 Stojące dziecko chwyta ręce pierwszej osoby i próbuje wyciągnąć ją z szeregu.

5 Gdy mu się to uda, osoba ta przyłącza się do dziecka wyrywającego marchewki.

150. Klasy

Tradycyjna gra łącząca celność, równowagę i inne umiejętności. Na całym świecie istnieje mnóstwo odmian tej gry.

Wiek: od 7 lat
Orientacyjny czas: 30 minut
Ilość uczestników: 2 lub więcej
Materiały: kreda i kamyk

1 Narysuj na ziemi figurę tak, jak na rysunku. Obszar przed polem z numerem 1 nazywa się „ziemia", a półkole z numerem 9 to „niebo".

2 Pierwszy gracz rzuca kamieniem do pierwszego pola. Jeśli kamyk upadnie na linię lub poza tym polem, kolejka przechodzi na inną osobę. Jeśli zatrzyma się w tym polu, osoba, która go rzuciła, musi go przynieść.

3 Żeby przynieść kamyk, gracz skacze na jednej nodze z pola na pole, omijając to, na które spadł kamyk. Skacząc na pola 4-5 i 7-8 trzeba jednocześnie postawić jedną nogę na każdym polu.

4 Gdy dziecko dotrze do nieba, może trochę odpocząć przed powrotem na ziemię. Kamyk trzeba podnieść z pola znajdującego się przed tym, na które spadł. Potem trzeba dokończyć okrążenie.

5 Za każdym razem, gdy gracz ukończy okrążenie od 1 do 8, odwraca się i rzuca kamykiem przez ramię. Jeśli upadnie na jakimś polu, staje się ono własnością tej osoby i gracz pisze tam swoje imię. Właściciel pola może na nim stanąć obiema nogami, a inni nie mogą na nie skoczyć. Gra kończy się, gdy wszystkie pola mają swoich właścicieli i ukończenie okrążenia jest niemożliwe.

151. Ślimak

*Ta zabawa pochodzi z tej samej rodziny co „Klasy",
ale jest łatwiejsza dla młodszych dzieci.*

Wiek: od 7 lat
Orientacyjny czas: 30 minut
Ilość uczestników: 2 lub więcej
Materiały: kreda, kamyk

1 Narysuj kredą figurę tak, jak na ilustracji.

2 Pierwszy gracz stoi przed pierwszym polem
i rzuca do niego kamykiem. Jeśli kamyk zatrzyma się tam, gracz skacze na jednej nodze nad tym polem do pola numer 2, a potem do środka, gdzie może odpocząć.

3 Następnie wraca i podnosi kamyk, stojąc na polu numer 2.

4 Jeśli uda mu się prawidłowo ukończyć okrążenie, rzuca kamykiem do następnego pola. Jeśli

gracz postawi stopę w niedozwolonym miejscu lub jeśli nie trafi do celu, kolejka przechodzi na następną osobę. Po zmianie gracza grę wznawia się od miejsca, w którym dana osoba była poprzednio.

5 Zwycięża osoba, której uda się ukończyć wszystkie okrążenia.

152. Lu-lu

Hawajska gra, w której na początku pionkami były skały wulkaniczne.

Wiek: od 7 lat
Orientacyjny czas: 10 minut
Ilość uczestników: 2 lub więcej
Materiały: 4 okrągłe pionki o średnicy około
2,5 cm, pisak

1 Pionki do tej gry można zrobić z tektury lub bloku technicznego. Podziel każdy pionek na cztery części i narysuj na nich odpowiednią ilość oczek, zgodnie z rysunkiem. Nie pisz nic na drugiej stronie pionków.

2 Uzgodnijcie, do ilu punktów będziecie grać, np. do 50. Gracze po kolei rzucają wszystkimi pionkami i dodają punkty z każdego pionka. Jeśli pionek upadnie odwrotną stroną do góry, gracz nie zdobywa żadnego punktu i pionkiem tym rzuca następna osoba, która zapisuje sobie punkty uzyskane w tym rzucie.

3 Jeśli ktoś zdobędzie dziesięć punktów w jednym rzucie, może rzucić jeszcze raz.

4 Wygrywa osoba, która jako pierwsza osiągnie wynik ustalony na początku zabawy.

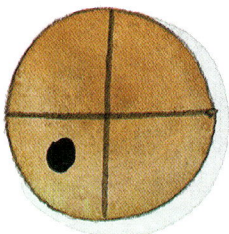

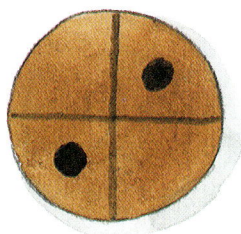

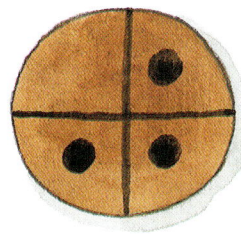

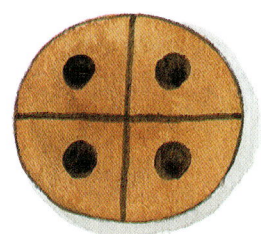

153. Kulki

Spośród wielu odmian tej gry, przedstawiana tutaj jest najbardziej rozpowszechniona.

Wiek: od 7 lat
Orientacyjny czas: 10 minut
Ilość uczestników: 2 lub 4
Materiały: 3 kulki lub więcej na osobę

3.2 Zabawy na podłodze

ZABAWY NA POWIETRZU

1 Narysuj koło o średnicy około 30 cm. Każdy gracz kładzie dwa swoje kamyki lub inną uzgodnioną ilość. Wszystkie kulki powinny być skupione w środku koła.

2 Gracze po kolei rzucają z pewnej odległości swoją wolną kulką w stos pozostałych kulek.

3 Klasyczny rzut w tej grze polega na tym, że trzymamy kamyk zgiętym palcem wskazującym, a potem pstrykamy w niego kciukiem tak, jak na rysunku.

4 Jeśli graczowi uda się wybić jakieś kamyki poza koło, może je sobie zatrzymać.

5 Po każdym rzucie, w którym gracz zdobył jakieś kamyki, może rzucić jeszcze raz. Jeśli nie uda mu się wybić kamyków poza koło, rzut wykonuje następny gracz.

154. Orzeł lub reszka

*Dawno temu angielscy górnicy grali w **„Orła lub reszkę"**, żeby wygrać pieniądze. W tej wersji gra się tylko dla zabawy.*

Wiek: od 7 lat
Orientacyjny czas: 10 minut
Ilość uczestników: 5 lub więcej
Materiały: patyk, jedna moneta dla każdego gracza

1 Połóżcie patyk na ziemi i zaznaczcie linię, zza której będziecie wykonywać rzuty.

2 Gracze po kolei rzucają swoimi monetami, starając się, żeby upadły jak najbliżej patyka.

3 Gracz, którego moneta jest najbliżej, podnosi wszystkie pozostałe monety, mówi „orzeł" lub „reszka" i podrzuca je jedną za drugą.

4 Jeśli dobrze zgadnie, którą stroną upadnie moneta, zdobywa punkt i zwraca monetę jej właścicielowi. Gdy skończy, daje pozostałe monety osobie, której moneta była druga pod względem odległości od patyka. Proces ten jest powtarzany, aż monety zostaną przekazane graczowi, którego moneta była najdalej od patyka.

155. Pchełki

Gra zręcznościowa, którą najlepiej urządzać na powierzchni zrobionej z płytek. Gracze muszą umieć trafiać do celu.

Wiek: od 8 lat
Orientacyjny czas: 10 minut
Ilość uczestników: 2 lub więcej
Materiały: szklanka lub inny pojemnik, cztery różnokolorowe pionki dla każdego gracza, jeden większy pionek do strzelania (skoczek)

1 Połóż szklankę lub inny pojemnik na podłodze. Gra będzie tym łatwiejsza, im będzie on niższy i szerszy.

2 Wszyscy gracze kładą swoje pionki w takiej samej odległości od pojemnika.

3 Każdy gracz po kolei próbuje „strzelić" swoje pionki do pojemnika. Strzelanie polega na tym, że naciskamy skoczkiem na krawędź pionka tak, żeby skoczył w odpowiednim kierunku.

4 Jeśli graczowi uda się umieścić pionek w pojemniku, próbuje zrobić to samo z następnym pionkiem. Jeśli mu się to nie powiedzie, kolejka przechodzi na następnego gracza. Pionkami trzeba strzelać z miejsca, gdzie upadły.

5 Wygrywa pierwsza osoba, której udało się strzelić wszystkie swoje pionki do pojemnika.

156. Dołek na kamyki

Gra zręcznościowa polegająca na wrzucaniu kamyków.

Wiek: od 8 lat
Orientacyjny czas: 10 minut
Ilość uczestników: 2 lub więcej
Materiały: jeden kamyk na gracza

1 Robimy dołek w ziemi na tyle duży, żeby zmieścił się w nim kamyk.

2 Każdy gracz rzuca swoim kamykiem w kierunku dołka. Osoba, której kamyk spadnie najbliżej dołka, zaczyna grę.

3 Wszyscy po kolei rzucają swoimi kamykami z miejsca, gdzie upadły, próbując uderzyć kamyki innych osób tak, żeby wpadły do dołka.

4 Gdy graczowi uda się uderzyć w czyjś kamyk, osoba ta może rzucić jeszcze raz, nie więcej jednak niż trzy razy z rzędu. Gracz, któremu uda się uderzyć jakiś kamyk i wtrącić go do dołka, zdobywa wrzucony kamyk. Jeśli wpadnie jego własny kamyk, przegrywa.

157. Kamyki

*Gra w „**Kamyki**" była bardzo popularna w Cesarstwie Rzymskim. Teraz jest znana na całym świecie i ma nieskończoną ilość odmian. Oto te najbardziej rozpowszechnione.*

Wiek: od 8 lat
Orientacyjny czas: 10 minut
Ilość uczestników: 2 lub więcej
Materiały: 5 kamyków

1 Każdy gracz po kolei wykonuje opisane poniżej czynności. Jeśli nie osiągnie celu gry, przekazuje kamyki kolejnej osobie. Gracze wznawiają grę ze swojej poprzedniej pozycji.

2 Jedynki: Gracz rzuca kamyki i następnie podnosi jeden z nich. Kamyk ten jest zwany „dżokerem". Gracz podrzuca dżokera i przed złapaniem go musi podnieść jeden kamyk z ziemi. Potem przekłada go do drugiej ręki i wykonuje kolejne rzuty dżokerem.

3 Dwójki: Gra wygląda tak samo, lecz tym razem trzeba podnosić po dwa kamyki, później trzy naraz i w końcu gracz musi podnieść wszystkie cztery kamyki, gdy dżoker jest w powietrzu.

4 Most: Gracz robi na ziemi most przy pomocy kciuka i palca wskazującego. Przed spadnięciem dżokera, gracz powinien uderzyć kamyk tak, żeby wpadł przez most. Musi to zrobić ze wszystkimi kamykami.

5 Ropucha w dole: Gracz robi dziurkę, zginając kciuk i palec wskazujący tak, żeby dotykały się opuszkami. Zanim dżoker zdąży spaść, gracz musi podnieść kamyk i włożyć go do dziurki. Gdy wszystkie z nich zostaną podniesione, w ostatnim rzucie upuszcza je wszystkie i znowu wszystkie podnosi.

6 W ostatnim rzucie gracz podrzuca wszystkie kamyki i pozwala im spaść na jego dłonie, które musi trzymać razem, wewnętrzną stroną do dołu. Jeśli mu się to powiedzie, rzuca je znowu z tej pozycji i łapie je, trzymając dłonie w kształcie miseczki. Na tym gra się kończy.

158. Lustrzany labirynt

Ukończenie okrążenia tyłem wymaga zręczności, cierpliwości i równowagi.

Wiek: od 8 lat

Orientacyjny czas: 10 minut

Ilość uczestników: 2 lub więcej

Materiały: kreda, kieszonkowe lusterko, małe przeszkody takie jak: papierowe kubki, kamienie, itp.

1 Na ziemi rysujemy linię oznaczającą trasę do pokonania. Kładziemy na niej małe przeszkody, np. papierowe kubki, kamienie lub inne.

2 Zawodnik stoi na początku trasy odwrócony do niej plecami, trzymając w ręce lusterko.

3 Patrząc w lusterko, dziecko widzi tor przez swoje ramię. Zawodnik zaczyna iść przez labirynt. Trzeba uważać, żeby zawsze mieć jedną stopę na linii.

4 Inni sprawdzają, czy osoba ta stoi na linii i ostrzegają ją przed przeszkodami.

159. Stonoga

„Stonoga" to zabawne ćwiczenie na koordynację i siłę.

Wiek: od 9 lat

Orientacyjny czas: 10 minut

Ilość uczestników: 4 lub więcej

Materiały: niepotrzebne

1 Dzieci siadają jedno za drugim między nogami osoby, którą mają za plecami. Powinny stłoczyć się, żeby utworzyć zwartą grupę.

2 Wszyscy krzyżują nogi wokół talii osoby siedzącej z przodu.

3 Następnie na komendę osoby na początku „stonogi" wszyscy zaczynają kołysać się na boki, aż nabiorą takiego rozpędu, że będą mogli przewrócić się i stanąć na rękach. Tylko ostatnia osoba stonogi stoi na nogach.

4 W tej pozycji stonoga może powoli chodzić do przodu, dopóki nie zacznie się rozpadać.

3.2 Zabawy na podłodze

119

ZABAWY NA POWIETRZU

3.3

Zabawy w kole

Jest mnóstwo zabaw, w których grupa tworzy koło wokół jednej osoby.

W innych grach dzieci stoją w kole tak, że wszyscy widzą się nawzajem.

Trzeba wtedy działać zespołowo, a poczucie wspólnoty jest źródłem

jeszcze większej radości. W tej części przedstawiamy wiele różnych zabaw w kole,

w których nagradzane są szybkość, spostrzegawczość

i dobra pamięć.

160. Bomba

Bardzo zabawna gra, w której szanse wyeliminowania z gry wzrastają w miarę jej postępu.

Wiek: od 4 lat
Orientacyjny czas: 10 minut
Ilość uczestników: 6 lub więcej
Materiały: piłka, opaska na oczy

1 Na początku wybieramy „stopera" - osobę, która będzie odliczała czas do wybuchu bomby. Wszyscy uczestnicy zabawy stają w kole, a stoper siada w środku z opaską na oczach i trzyma piłkę, czyli bombę.

2 Gdy stoper powie: „Start!", gracze zaczynają jak najszybciej przekazywać sobie piłkę. Jeśli stoper powie: „Zmienić kierunek", piłkę należy przekazywać w odwrotnym kierunku.

3 Stoper liczy w myślach do 30 w takim tempie, w jakim chce. Może też kazać zmienić kierunek dowolną ilość razy. Gdy doliczy do 25, mówi: „Bomba tyka", a gdy doliczy do 30 woła: „Bum!"

4 Osoba, która trzymała bombę w chwili wybuchu musi usiąść, wyprostować nogi i rozłożyć je na boki. Żeby podać piłkę, osoba stojąca obok siedzącego gracza, musi postawić jedną nogę między nogi tej osoby.

5 Gra trwa tak długo, aż w kole pozostanie tylko jedna stojąca osoba.

161. Szczur

Zabawa dla najmłodszych dzieci, w której trzeba znaleźć osobę trzymającą „szczura".

Wiek: od 4 lat
Orientacyjny czas: 2 minuty
Ilość uczestników: 7 lub więcej
Materiały: mały kawałek drewna

1 Dzieci stoją w kole z rękami z tyłu, a jedna osoba siedzi w środku.

2 Jedna osoba ukrywa za plecami mały kawałek drewna, który jest „szczurem". Gracze podają sobie „szczura", gdy osoba siedząca w środku tego nie widzi.

3 Jej zadaniem jest odkryć, kto trzyma ten kawałek drewna. Gracz ukrywający „szczura" może drapać się po plecach lub podpowiadać tej osobie w inny sposób.

4 Gdy osoba siedząca w środku zdemaskuje posiadacza „szczura", gracze ci zamieniają się rolami.

162. Pierścionek

Zabawa, w której gracze stoją w miejscu, ale muszą wykazać się refleksem.

Wiek: od 5 lat
Orientacyjny czas: 2 minuty
Ilość uczestników: 6 lub więcej
Materiały: długi sznurek, pierścionek lub inny przedmiot o takim kształcie

1 Nawleczcie pierścionek na sznurek.

2 Następnie zwiążcie dwa końce sznurka, żeby powstało koło. Powinno ono być na tyle duże, żeby wszyscy gracze mogli z łatwością chwycić sznurek obiema rękami.

3 Wybierzcie pierwszą osobę, która stanie w środku koła. Osoba ta zakrywa oczy, gdy pozostali przesuwają pierścionek po sznurku.

4 Po przesunięciu pierścionka jego posiadacz ukrywa go w dłoni, a gracz stojący w środku może otworzyć oczy.

5 Jego zadaniem jest odgadnąć, kto trzyma pierścionek. Gdy powie: „Przełóżcie pierścionek", wszyscy muszą wykonać odpowiedni ruch, jak gdyby przekładali pierścionek z jednej ręki do następnej, licząc wspólnie do trzech.

6 Osoba w środku może poprosić graczy, żeby przełożyli pierścionek nie więcej niż trzy razy. W tym czasie musi uważnie obserwować ich ruchy. Za każdym razem, gdy pierścionek jest przekazywany, osoba ta może spróbować zgadnąć, kto go ma.

163. Ćwir, ćwir

Cicha zabawa w odgadywanie, kto ćwierka.

Wiek: od 5 lat
Orientacyjny czas: 2 minuty
Ilość uczestników: 7 lub więcej
Materiały: opaska na oczy, drewniana łyżka

1 Na oczach jednego gracza zawiązujemy opaskę i dajemy mu drewnianą łyżkę. Pozostali siadają w kole dookoła niego.

2 Osoba z opaską musi poruszać się uważnie, próbując dotknąć łyżką innego gracza. Dzieci mogą klęczeć i unikać łyżki, ale nie wolno im ruszyć się z miejsca, na którym siedzą.

3 Gdy osoba z opaską dotknie łyżką jakiegoś gracza, każe mu powiedzieć „Ćwir, ćwir". Jeśli odgadnie imię ćwierkającego gracza, zamieniają się oni miejscami. Jeśli nie, osoba z opaską musi próbować dalej.

164. Do środka i na zewnątrz

Świetna zabawa, w której trzeba uważnie słuchać rozkazów prowadzącego.

Wiek: od 6 lat
Orientacyjny czas: 10 minut
Ilość uczestników: 10 lub więcej
Materiały: niepotrzebne

1 Wybrana osoba prowadzi zabawę. Pozostali dzielą się na dwie grupy i trzymając się za ręce, tworzą dwa koła, jedno wewnątrz drugiego.

2 Gdy prowadzący powie: „Do środka!", osoby z zewnętrznego koła puszczają ręce i próbują dostać się do środka wewnętrznego koła. Dzieci z tego koła, ciągle trzymając się za ręce, muszą je powstrzymać.

3 Jeśli prowadzący powie: „Na zewnątrz!", członkowie wewnętrznego koła puszczają ręce i starają się przedostać na zewnątrz, w czym przeszkadza im drugie koło, które może zmniejszyć swój rozmiar lub blokować ich kolanami.

165. Ciuciubabka

Jedna osoba ma opaskę na oczach i musi rozpoznać osobę, którą dotyka.

Wiek: od 7 lat
Orientacyjny czas: 2 minuty
Ilość uczestników: 6 lub więcej
Materiały: opaska na oczy

1 Wybranej osobie zakładamy opaskę na oczy. Pozostali stoją wokół niej w kole, trzymając się za ręce.

2 Osoba z opaską musi złapać kogoś z koła. Pozostali mogą krążyć wokół niej, uciekać lub klękać, ale muszą cały czas trzymać się za ręce.

3 Gdy ktoś zostanie złapany, osoba z opaską dotyka jego twarzy próbując rozpoznać, kto to jest. Jeśli jej się to uda, osoby te zamieniają się miejscami. Jeśli nie, osoba z opaską musi złapać i rozpoznać kogoś innego.

166. Tam i z powrotem

Gra, w której trzeba mieć dobry refleks i szybkie nogi.

Wiek: od 7 lat
Orientacyjny czas: 10 minut
Ilość uczestników: 11 lub więcej
Materiały: niepotrzebne

1 Dzieci siadają w parach, żeby utworzyć dwa koła, jedno wewnątrz drugiego. Wybrana osoba będzie chodzić wokół nich.

2 Gracz w środku chodzi wokół koła, nagle dotyka głowy kogoś siedzącego i w tej samej chwili mówi: „biegnij" lub „wróć".

3 Osoba, która jest w środku biegnie wokół koła. To samo robią gracz, który został dotknięty i osoba, z którą jest w parze. Jeśli pierwsza osoba powiedziała „biegnij", biegną w tym samym kierunku, co ta osoba, a jeśli powiedziała „wróć", biegną w przeciwnym kierunku.

4 Pierwsze dwie osoby, które ukończą okrążenie, siadają na dwóch wolnych miejscach, a trzeci gracz musi iść wokół koła i wybrać kogoś innego.

167. Słup

W tej zabawie trzeba chodzić wokół słupa, którego nie wolno dotknąć.

Wiek: od 7 lat
Orientacyjny czas: 2 minuty
Ilość uczestników: 7 lub więcej
Materiały: niepotrzebne

1 Wybieramy jedną osobę, która zostanie „słupem". Pozostali otaczają słup i chwytają się za ręce.

2 Słup stoi w jednym miejscu w środku koła. Na sygnał wszyscy zaczynają chodzić wokół niego.

3 Gdy słup mówi: „rozciągnąć koło", dzieci idą dalej i prostują ręce, rozciągając koło i odsuwając się jak najdalej od słupa.

4 Uczestnicy zabawy chodzą wokół słupa dopóty, dopóki ktoś nie dotknie słupa lub dopóki koło nie pęknie. Osoby, które dotkną słup lub dwoje graczy, którzy puszczą swoje ręce, opuszczają koło i przyłączają się do słupa w środku.

5 Gra kończy się, gdy osoby w kole nie będą potrafiły objąć słupa.

168. Skakanka

Żeby nie zostać wyeliminowanym z tej gry, musisz być bardzo zwinny.

Wiek: od 7 lat
Orientacyjny czas: 2 minuty
Ilość uczestników: 8 lub więcej
Materiały: skakanka o długości 1,5 m

1 Jedna osoba stoi w środku, a pozostali ustawiają się wokół niej.

2 Osoba stojąca w środku trzyma skakankę w jednej ręce i daje sygnał do rozpoczęcia zabawy.

Potem zaczyna obracać skakankę, trzymając ją kilka centymetrów nad ziemią.

3 Wszyscy muszą przeskakiwać skakankę, żeby nie zostać wyeliminowanym z gry.

4 Osoba trzymająca skakankę informuje wszystkich, jak wysoko będzie ją podnosiła. Mówi: „nisko", jeśli skakanka obraca się tuż nad ziemią, „średnio", jeśli na wysokości łydki lub „wysoko", gdy będzie na wysokości kolan.

169. Swędzenie

Zabawa w zapamiętywanie, która zawsze wywołuje sporo śmiechu.

Wiek: od 7 lat
Orientacyjny czas: 2 minuty
Ilość uczestników: 7 lub więcej
Materiały: niepotrzebne

1 Wszyscy stoją w kole i pierwsza osoba mówi: „Mam na imię Jacek i swędzi mnie tutaj" i zaczyna się drapać na przykład po głowie.

2 Następna osoba mówi: „On ma na imię Jacek i swędzi go tu" i drapie się po głowie, a potem dodaje: „A ja mam na imię Kasia i swędzi mnie tu" i zaczyna drapać się na przykład po nodze.

3 Każdy uczestnik zabawy wymienia imiona poprzednich osób i miejsca, które ich swędzą oraz dodaje coś od siebie.

170. Ufoludki

W tej zabawie nie wolno się przejęzyczyć ani śmiać.

Wiek: od 7 lat
Orientacyjny czas: 10 minut
Ilość uczestników: 7 lub więcej
Materiały: niepotrzebne

1 Wszyscy siadają w kole i każdy otrzymuje swój numer.

2 Osoba z numerem jeden zaczyna zabawę i przykłada kciuki do skroni, mówiąc na przykład: „Ufoludek numer 1 przywołuje ufoludka numer 5". Gdy to mówi, osoby stojące obok przykładają jeden kciuk do skroni tak, jak na ilustracji.

3 Przywołany ufoludek, w tym przypadku ten z numerem 5, musi przywołać innego ufoludka, jednocześnie wykonując ten sam gest.

4 Osoby, które zareagują zbyt wolno, przejęzyczą się lub nie podniosą ręki z tej strony, z której stoi mówiący ufoludek, odpadają z gry. Należy też pamiętać, żeby nie przywoływać osób już wyeliminowanych.

171. Gonitwa

Pościg, w którym role ścigającego i ściganego mogą się nagle odwrócić.

Wiek: od 7 lat
Orientacyjny czas: 10 minut
Ilość uczestników: 10 lub więcej
Materiały: niepotrzebne

1 Wybieramy dwie osoby: ścigającego i ściganego. Pozostali ustawiają się w kole, trzymając się w parach za ręce.

2 Można gonić się tylko na zewnątrz koła, ale można zmieniać kierunek pościgu tak często, jak tylko się chce. Jeśli goniący złapie ściganego, zamieniają się rolami.

3 Ścigany może w każdej chwili złapać inną osobę za rękę. Wtedy partner tej osoby zostaje ścigającym, a ścigający staje się ściganym.

172. Odbijanie piłki

W tej zabawie musisz uważać, żeby nie popełnić błędu, gdy podajesz komuś piłkę.

Wiek: od 7 lat
Orientacyjny czas: 10 minut
Ilość uczestników: 9 lub więcej
Materiały: piłka

4 Wszyscy głośno liczą odbicia piłki. Celem zabawy jest odbić piłkę jak największą ilość razy. Jeśli piłka wypadnie poza koło lub odbije się więcej niż raz, musicie zacząć grę od początku.

1 Wszyscy ustawiają się w koło, rozstawiając nogi tak szeroko, żeby stopy jednego gracza dotykały stóp jego sąsiadów.

2 Osoba, która zaczyna grę, uderza piłkę ręką, żeby odbiła się w środku koła i dotarła do innego gracza po drugiej stronie.

3 Piłkę wolno tylko odbijać, nie można jej łapać. W środku koła piłka może odbić się od ziemi tylko raz.

173. Indiański futbol

Chociaż nie będziesz musiał biegać, przyda się refleks i silne plecy.

Wiek: od 8 lat
Orientacyjny czas: 10 minut
Ilość uczestników: 6 lub więcej
Materiały: piłka

1 Wszyscy stoją w kole z rozszerzonymi nogami i stopami dotykającymi stóp sąsiadów. Następnie pochylają się, żeby zablokować przerwę między swoimi nogami.

2 Po wrzuceniu piłki do środka koła wszyscy odbijają ją rękami, żeby przeleciała między nogami któregoś z graczy.

3 Gdy tak się stanie, osoba, która przepuściła piłkę, musi za karę odwrócić się i grać dalej tyłem do środka koła.

4 Jeśli gracz drugi raz przepuści piłkę między swoimi nogami, znów się odwraca i staje prosto z założonymi rękami, co oznacza, że został wyeliminowany z gry.

5 Każdy, kto przez przypadek wrzuci piłkę między nogi wyeliminowanej osoby, ponosi taką samą karę, jak gdyby sam przepuścił piłkę między nogami.

174. Strażnicy

Gra, w której trzeba być szybkim i spostrzegawczym, żeby nie stracić partnera.

Wiek: od 8 lat
Orientacyjny czas: 10 minut
Ilość uczestników: 9 lub więcej
Materiały: niepotrzebne

1 Jedna osoba stoi z rękami z tyłu, a pozostali stoją wokół niej w parach. Jeden gracz w każdej parze stoi twarzą do osoby w środku, a drugi stoi za nim.

2 Gdy osoba w środku mrugnie okiem na któregoś z graczy, którzy stoją najbliżej niej, gracz ten musi pobiec do niej.

3 Gdy tylko partnerzy osób stojących z tyłu (strażników) poruszą się, strażnicy muszą szybko je złapać, by nie pozwolić im uciec.

4 Gdy osoba, na którą mrugnął gracz ze środka koła, zdąży do niego dobiec i strażnik jej nie dotknie, osoba ta i gracz ze środka tworzą nową parę, a strażnik musi stanąć w środku koła.

175. Zgadnij, kim jestem

Subtelna zabawa w zadawanie pytań, na które wszyscy inni potrafią odpowiedzieć.

Wiek: od 11 lat
Orientacyjny czas: 30 minut
Ilość uczestników: 4 lub więcej
Materiały: naklejka i opaska na głowę dla każdego gracza

1 Gracze siadają w kole i zawiązują sobie opaski na głowach.

2 Potem każdy zapisuje na swojej naklejce imię i nazwisko jakiejś sławnej osoby i przykleja ją na czole osoby siedzącej naprzeciwko tak, żeby nie widziała, co jest na niej napisane.

3 Następnie każdy zadaje pytania na temat osoby, której nazwisko ma na czole. Można na nie odpowiadać tylko „tak" lub „nie".

4 Wygrywa pierwszy gracz, który odgadnie swoją osobę.

3.4

Zabawy w szukanie

Otwarte przestrzenie stwarzają wiele możliwości dzieciom,

które chcą się ukryć. Ciekawość, spostrzegawczość

i umiejętność ukrywania się łączą się w tych zabawach,

by zapewnić doskonałą rozrywkę.

Zabawy w szukanie najlepiej urządzać w parkach i zadrzewionych ogrodach.

Jednak najpierw trzeba uzgodnić granice placu zabaw,

poza którymi nie wolno się chować.

176. Zabawa w chowanego

Klasyczna zabawa w szukanie.

Wiek: od 6 lat
Orientacyjny czas: 10 minut
Ilość uczestników: 5 lub więcej
Materiały: niepotrzebne

1 Na początku wybieramy osobę, która będzie szukała pozostałych. Potem uzgadniamy, gdzie będzie tzw. „budka" - może to być słup, drzewo lub część ściany. Osoba, która szuka, staje przed budką i nie patrząc na to, co robią inni, liczy tak długo, jak wcześniej uzgodniono.

2 W tym czasie pozostali chowają się. Liczenie przebiega po cichu, z wyjątkiem dziesiątek (10, 20, 30, itp.), które trzeba głośno krzyknąć oraz ostatnich pięciu liczb, które również trzeba powiedzieć tak, żeby wszyscy wiedzieli, że osoba licząca za chwilę zacznie szukać.

3 Po skończeniu liczenia gracz chodzi i szuka pozostałych. Gdy zobaczy kogoś, wraca biegiem do budki i dotykając jej, mówi na przykład: „Puk, puk za Konrada". Znaleziona osoba odpada z gry.

4 Ukrywający się gracze próbują dotrzeć do budki przed osobą, która ich szuka. Jeśli im się to uda, dotykając budki krzyczą: „Puk, puk za siebie!".

5 Jeśli szukający zobaczy kogoś, ale nie rozpozna go i pomyli jego imię, stukając w budkę, osoba ta woła: „zbita szklanka". Wtedy wszyscy wychodzą z ukrycia i gra zaczyna się od początku.

177. Sardynki

Zabawa, w której tylko jedna osoba się ukrywa, a pozostali jej szukają.

Wiek: od 6 lat
Orientacyjny czas: 10 minut
Ilość uczestników: 6 lub więcej
Materiały: niepotrzebne

1 Wybrana osoba będzie się chować. Pozostali zakrywają oczy dłońmi i liczą tak długo, jak wcześniej ustalono. W tym czasie wybrana osoba idzie się ukryć.

2 Po skończeniu liczenia każdy gracz idzie w innym kierunku i próbuje odnaleźć schowaną osobę.

3 Gdy ją znajdzie, ukrywa się razem z nią w tym samym miejscu, najlepiej jak tylko potrafi.

4 Gra kończy się, gdy wszyscy schowają się razem z pierwszą osobą. Gracz, który pierwszy ją odnalazł, zostaje następną osobą, która będzie się ukrywała.

178. Król ciszy

W tej zabawie trzeba uważnie słuchać, żeby wykryć najcichszych graczy.

Wiek: od 6 lat
Orientacyjny czas: 10 minut
Ilość uczestników: 3 lub więcej
Materiały: małe przedmioty, które wydają odgłosy, gdy się nimi potrząsa, opaska na oczy

1 Jedna osoba jest królem ciszy i siedzi na ziemi z opaską na oczach. Za jej plecami kładziemy skarb. Są to małe przedmioty, które wydają dźwięki, gdy się nimi potrząsa. Pozostali siadają wokół króla, w niewielkiej odległości od niego.

2 Każdy gracz po kolei próbuje ukraść skarb królowi i zabrać go na swoje miejsce.

3 Gdy król usłyszy jakiś odgłos, pokazuje palcem, gdzie to się stało. Jeśli wtedy ktoś tam jest, osoba ta musi wrócić na swoje miejsce.

4 Jeśli nikomu nie uda się ukraść skarbu w ciągu pięciu minut, król wygrywa grę.

179. Sosna

Gra w szukanie, która stopniowo staje się coraz trudniejsza i bardziej emocjonująca.

Wiek: od 7 lat
Orientacyjny czas: 30 minut
Ilość uczestników: 6 lub więcej
Materiały: niepotrzebne

1 Na początku wybieramy osobę, która będzie szukała pozostałych. Wybrany gracz stoi z założonymi rękami i zamkniętymi oczami i zaczyna liczyć.

2 Pozostali chowają się.

3 Szukający liczy głośno od 20 do 1, mówiąc: „Dwudziesta sosna, dziewiętnasta sosna, osiemnasta sosna…". Gdy powie „pierwsza sosna", otwiera oczy i nie poruszając się, próbuje zobaczyć ukrywające się osoby i powiedzieć ich imiona. Zauważeni gracze odpadają z gry. Szukający może zrobić trzy kroki tylko w jednym kierunku.

4 Gdy nie potrafi zauważyć nikogo więcej, krzyczy: „Sosna!" Nieodnalezieni gracze wychodzą z kryjówek. Gra zaczyna się od nowa, ale tym razem szukający liczy od 19.

180. Zoo

W „Zoo" każdy musi znaleźć swojego partnera wśród odgłosów wydawanych przez wszystkie zwierzęta.

Wiek: od 7 lat
Orientacyjny czas: 10 minut
Ilość uczestników: 16 lub więcej
Materiały: jedna opaska na oczy dla każdego dziecka

1 Osoba prowadząca zabawę mówi na ucho każdemu dziecku, jakim będzie zwierzęciem i jaki odgłos będzie wydawało, np. „Kot, miau". Każde zwierzę... naśladują dwie osoby.

2 Wszyscy zakładają opaski na oczy i gdy prowadzący pozwala rozpocząć zabawę, wszyscy zaczynają wydawać odgłosy swojego zwierzęcia tak głośno, jak tylko potrafią.

3 W zgiełku zwierzęcych głosów każdy musi odnaleźć drugie zwierzę, które wydaje taki sam odgłos. Gdy ktoś znajdzie swojego partnera, oba zwierzęta zdejmują opaski i wycofują się z gry.

4 Zabawa kończy się, gdy każdy znajdzie drugie takie samo zwierzę. W „Zoo" można bawić się także, wykorzystując zamiast odgłosów charakterystyczny dotyk (podanie dłoni, klepnięcie w plecy, itp.).

181. Chowanie kredy

Wciągająca zabawa, w której poszukiwanie staje się tym bardziej ryzykowne, im dalej jesteś od „bazy".

Wiek: od 8 lat
Orientacyjny czas: 10 minut
Ilość uczestników: 5 lub więcej
Materiały: duży kawałek kredy

1 Na początku należy uzgodnić, gdzie jest „baza", czyli miejsce, gdzie gracze są bezpieczni. Wszyscy czekają przy bazie, podczas gdy jedna osoba idzie schować kredę.

2 Gdy wróci, pozostali muszą iść ją odszukać. Osoba, która ją ukryła, powtarza „zimno", jeśli szukające osoby są daleko od kredy albo „ciepło", jeśli są blisko.

3 Osoba, która znajdzie kredę, goni innych graczy, próbując zostawić ślad kredy na ich ubraniach, zanim zdążą dobiec do bazy.

4 Osoby popisane kredą odpadają z gry. Gracz, który znalazł kredę, ukrywa ją w następnej rundzie.

182. Więzień w wieży

Bardzo cicha zabawa, w której trzeba znaleźć inne osoby, nie poruszając się i nie patrząc.

Wiek: od 8 lat
Orientacyjny czas: 30 minut
Ilość uczestników: 10 lub więcej
Materiały: opaski na oczy dla połowy uczestników zabawy

1 Dzielimy dzieci na dwie grupy: strażników i ratowników. Jeden ratownik zostaje więźniem.

2 Narysuj koło na ziemi, które oznacza wieżę, gdzie osadzono więźnia. Strażnicy stoją wokół więźnia z opaskami na oczach w takiej odległości od siebie, że nie mogą się dotknąć wyprostowanymi ramionami.

3 Ratownicy próbują przedostać się między strażnikami do więźnia i uratować go. Żeby to zrobić, muszą go dotknąć i wrócić.

4 Strażnicy uważnie słuchają wszystkich odgłosów i próbują dotknąć osób, które przedostają się do wieży. Mogą poruszać całym ciałem z wyjątkiem stóp.

5 Jeśli strażnik dotknie ratownika próbującego dotrzeć do więźnia, ratownik musi wycofać się. Jeśli zostanie dotknięty, gdy chciał uciec razem z nim, obaj zostają więźniami. Osoba dotknięta trzy razy odpada z gry.

183. Kopanie puszki

Gra, w której możesz uratować innych, jeśli będziesz wystarczająco szybki.

Wiek: od 8 lat
Orientacyjny czas: 30 minut
Ilość uczestników: 5 lub więcej
Materiały: puszka lub inny podobny przedmiot, który można kopnąć, kreda

1 Na początku wybieramy osobę, która będzie szukała innych. Potem zaznaczcie koło na ziemi i połóżcie w nim puszkę lub inny podobny przedmiot, który można kopnąć.

2 Osoba, która będzie szukać innych, stoi obok puszki odwrócona plecami do pozostałych uczestników zabawy. Jeden z nich kopie puszkę najmocniej jak tylko potrafi. Osoba szukająca idzie po nią, a w tym czasie pozostali chowają się.

3 Gdy szukający przyniesie puszkę i postawi ją na swoim miejscu, woła głośno: „Szukam" i zaczyna szukać osób, które się ukryły, starając się nie odchodzić za daleko od puszki.

4 Gdy zobaczy kogoś, głośno mówi jego imię, np.: „Tomek, wychodź". Odnaleziony musi wyjść z ukrycia i czekać przy puszce.

5 Osoby, które nie zostały odnalezione, czekają i wtedy, gdy nie widzi ich osoba szukająca, starają się dobiec do puszki i kopnąć ją. Osoby wykluczone z gry są wtedy wolne i gra zaczyna się od nowa.

184. Lis

Pogoń za lisem idealna na wycieczki za miasto.

Wiek: od 9 lat
Orientacyjny czas: 30 minut
Ilość uczestników: 5 lub więcej
Materiały: gwizdek

1 Wybieramy jedną osobę, która będzie lisem. Można w tym celu ciągnąć losy lub posłużyć się jedną z zabaw w wybieranie przedstawionych w części „Zabawy w wybieranie".

2 Lis idzie znaleźć sobie kryjówkę w lesie lub parku, tymczasem pozostali czekają przy bazie.

3 Gdy lis uzna, że jest dobrze schowany, gwiżdże trzy razy, co oznacza, że można zacząć go szukać.

4 Co jakiś czas lis powinien znowu zagwizdać, żeby szukający go mogli się zorientować, gdzie się ukrywa.

5 Aby utrudnić poszukiwanie, lis może zmieniać kryjówki lub uciec, gdy zostanie zauważony.

6 Wygrywa osoba, która jako pierwsza złapie lisa. Zostaje ona lisem w następnej zabawie.

3.4 Zabawy w szukanie

137

ZABAWY NA POWIETRZU

3.5

Zabawy w pościg

Gonitwa to ulubiona forma zabawy dzieci na całym świecie.

W każdej z nich występuje „berek", który stara się złapać inną osobę,

żeby przestać nim być. Ten powód wystarczy, żeby biec co sił w nogach

i nie dać się złapać. Gonitwy i ukrywanie się mogą trwać bez przerwy.

Żeby bawić się w pościg, wystarczy podwórko lub ogród.

W zabawach tych mogą uczestniczyć wszyscy, bez względu na wiek.

185. Berek

„Berek" to najprostsza i najpopularniejsza gonitwa na świecie, często pierwsza z dziecięcych zabaw.

Wiek: od 4 lat
Orientacyjny czas: 10 minut
Ilość uczestników: 3 lub więcej
Materiały: niepotrzebne

1 Zadaniem wybranej osoby jest gonić inne dzieci tak długo, aż dotknie któreś z nich.

2 Pozostali muszą przed nią uciekać.

3 Gdy osoba ta dotknie kogoś, złapane dziecko musi gonić innych, a pierwsza osoba może przed nim uciekać.

186. Deptanie po ogonie

Bardzo śmieszna zabawa, w której wszyscy gonią się nawzajem.

Wiek: od 5 lat
Orientacyjny czas: 10 minut
Ilość uczestników: 4 lub więcej
Materiały: linka lub sznurek o długości 1 m dla każdej osoby

1 Każde dziecko bierze kawałek sznurka, z którego robi sobie „ogon", wkładając go sobie z tyłu za pasek. Ogon musi być na tyle długi, żeby kilka ostatnich centymetrów ciągnęło się po podłodze.

2 Na dany sygnał wszyscy zaczynają biegać, próbując nadepnąć na czyjś ogon i jednocześnie uważając, żeby nie stracić swojego.

3 Ktoś, kto straci swój ogon, jest wykluczony z dalszej gry.

4 Wygrywa osoba, która najdłużej zachowa swój ogon.

187. Klej

Zabawa, w której goniący ma utrudnione zadanie.

Wiek: od 5 lat
Orientacyjny czas: 10 minut
Ilość uczestników: 3 lub więcej
Materiały: niepotrzebne

1 Wybieramy osobę, która będzie gonić pozostałe. Osoba ta liczy do dziesięciu, żeby inni mieli czas oddalić się od niej.

2 Po skończeniu liczenia berek próbuje złapać inne dzieci, które przed nim uciekają.

3 Jeśli uda mu się kogoś dotknąć, dotknięta osoba musi gonić inne, trzymając rękę w miejscu, gdzie została dotknięta, jak gdyby pierwsza osoba miała klej na rękach.

4 Wszyscy uciekają dalej, żeby nie dać się złapać berkowi.

188. Berek nad ziemią

W tej zabawie można łatwo schować się przed osobą, która chce nas złapać, ale możemy zostać zmuszeni do opuszczenia bezpiecznego miejsca.

Wiek: od 5 lat
Orientacyjny czas: 10 minut
Ilość uczestników: 5 lub więcej
Materiały: niepotrzebne

1 Wybrana osoba ma za zadanie dogonić i dotknąć uciekające przed nią dzieci.

2 Ścigana osoba może uniknąć złapania, skacząc na dowolny przedmiot, który jest nad ziemią. Każdy, kto stoi na takim przedmiocie, nie może zostać złapanym.

3 Jeśli wszyscy są „nad ziemią", berek może zawołać: „Na ziemię!" i wtedy każdy musi opuścić swoje schronienie.

4 Jeśli berkowi uda się kogoś dotknąć, osoby te zamieniają się rolami i zabawa trwa dalej.

189. Kolorowy berek

Dzieci unikną złapania, jeśli dotkną przedmiot określonego koloru. Ta zabawa najbardziej spodoba się najmłodszym dzieciom.

4 Jeśli berkowi uda się dotknąć osobę, zanim ta dotknie przedmiotu o określonym kolorze, dotknięte dziecko zostaje berkiem i wybiera nowy kolor.

Wiek: od 5 lat
Orientacyjny czas: 10 minut
Ilość uczestników: 6 lub więcej
Materiały: niepotrzebne

1 Wybieramy osobę, która będzie berkiem. Przed rozpoczęciem zabawy berek woła na przykład: „kolor, kolor… zielony".

2 Wszyscy szukają zielonego przedmiotu, żeby uniknąć złapania.

3 Gdy tylko ktoś dotknie przedmiot w kolorze wybranym przed berka, osoba ta jest bezpieczna i nie można jej dotknąć, dopóki go trzyma.

190. Naśladowanie lidera

W tej zabawie nie trzeba nikogo łapać, lecz naśladować ruchy lidera.

Wiek: od 5 lat
Orientacyjny czas: 10 minut
Ilość uczestników: 3 lub więcej
Materiały: niepotrzebne

1 Wybieramy osobę, która poprowadzi zabawę - lidera, a pozostali ustawiają się za nim w rzędzie.

2 Lider zaczyna iść, a wszyscy podążają za nim jego śladami i naśladują jego ruchy.

3 Lider może podskakiwać, biec, klękać i zmieniać kierunek, próbując utrudnić zadanie pozostałym dzieciom.

4 Po jakimś czasie lider idzie na koniec kolejki i następna osoba zostaje liderem.

191. Deptanie cienia

Zabawa na słoneczne dni, przeznaczona szczególnie dla najmłodszych dzieci.

Wiek: od 5 lat
Orientacyjny czas: 10 minut
Ilość uczestników: 6 lub więcej
Materiały: niepotrzebne

3 Jeśli osoba wejdzie na cień jakiegoś dziecka, teraz ono zostaje berkiem depczącym cienie.

1 Wybieramy jedną osobę, której zadaniem będzie deptanie cieni innych dzieci.

2 Wszyscy próbują jej uciec i robią wszystko, żeby jej to uniemożliwić.

192. Pająk

Zabawa podwórkowa, w której trzeba wykazać się szybkością i zwinnością, żeby nie dać się złapać w pajęczą sieć.

Wiek: od 5 lat
Orientacyjny czas: 10 minut
Ilość uczestników: 7 lub więcej
Materiały: kreda

1 Narysuj linię na środku placu, na którym będziecie się bawić tak, żeby przedzielała go na pół. Jedna osoba zostaje pająkiem i staje na linii z wyprostowanymi na boki rękami.

2 Wszyscy stają na jednej połowie placu. Gdy pająk zawoła: „start", dzieci muszą przebiec z jednej strony na drugą, unikając spotkania z pająkiem.

3 Gdy dzieci przebiegają przez linię, pająk stara się złapać jak najwięcej z nich, ale może poruszać się tylko po linii.

4 Złapani zostają pająkami i tworzą pajęczynę, chwytając się za ręce, dlatego przedostanie się na drugą stronę jest coraz trudniejsze.

5 Zabawa trwa dopóty, dopóki wszyscy nie zostaną złapani w sieć.

193. Koty i myszy

Zabawa, w której jej uczestnicy nie zawsze zachowują się jak zwykłe koty i myszy. Powinna ją poprowadzić starsza osoba.

Wiek: od 5 lat
Orientacyjny czas: 30 minut
Ilość uczestników: 10 lub więcej
Materiały: niepotrzebne

1 Dzieci dzielą się na dwie grupy: jedna grupa będzie kotami, druga myszami. Zaznaczamy miejsce, które będzie „domem" dla wszystkich uczestników zabawy.

2 Wszyscy stają w kole złożonym z kotów i mysz, w pewnej odległości od „domu".

3 Koło zaczyna się kręcić, a osoba prowadząca zabawę mówi głośno: „koty, myszy, koty, myszy", powtarza te słowa wiele razy i niespodziewanie po jednym z nich dodaje słowa „polują" lub „uciekają".

4 Dzieci polujące na osoby z drugiego zespołu muszą złapać je, zanim dotrą do domu. Jeśli uciekająca osoba zostanie złapana, przechodzi do drugiego zespołu.

5 Gra kończy się, gdy wszystkie dzieci z jednej drużyny zostaną złapane.

194. Boa dusiciel

Zabawa przeznaczona szczególnie dla najmłodszych dzieci, w której długi wąż łapie swoje ofiary.

Wiek: od 5 lat
Orientacyjny czas: 10 minut
Ilość uczestników: 5 lub więcej
Materiały: niepotrzebne

1 Jedna osoba będzie głową węża boa. Dzieci powinny też wybrać miejsce, które będzie legowiskiem węża, np. jakiś narożnik lub drzwi.

2 Głowa węża wychodzi ze swojej jamy i próbuje kogoś złapać. Jeśli wąż złapie jakieś dziecko, prowadzi je do swojego domu, z którego potem oboje wychodzą, trzymając się za ręce. Wąż kontynuuje polowanie. Tylko osoba, która jest głową boa dusiciela może łapać innych, ale jego ciało może odciąć im drogę ucieczki.

3 Za każdym razem, gdy wąż złapie kogoś, idzie z nim do jamy i wraca przedłużony o kolejną osobę. Jeśli ciało dusiciela ulegnie przerwaniu, musi on wrócić do domu i złożyć je z powrotem.

4 Gra kończy się, gdy wąż złapie ostatnie dziecko.

195. Upiór

Upiór ukrywa się i czeka, aż inni zbliżą się do niego, żeby mógł ich złapać.

Wiek: od 5 lat
Orientacyjny czas: 10 minut
Ilość uczestników: 5 lub więcej
Materiały: niepotrzebne

1 Wybrana osoba zostaje upiorem i idzie się ukryć, a pozostali zakrywają oczy rękami.

2 Po chwili dzieci chodzą sobie po placu zabaw, aż nagle słyszą jak upiór mówi: „Kto się boi upiora?" Wszyscy muszą wtedy zatrzymać się w miejscu, w którym byli.

3 Dzieci odpowiadają: „nikt", a upiór wychodzi z ukrycia i mówi: „Tu jestem". Nikomu nie wolno się ruszyć, dopóki ta rozmowa się nie skończy.

4 Osoby dotknięte przez upiora również stają się upiorem. Zabawa trwa tak długo, aż upiory schwytają ostatnie dziecko.

196. Policjanci i złodzieje

Zespołowa gonitwa idealna na szkolne podwórko.

Wiek: od 6 lat
Orientacyjny czas: 30 minut
Ilość uczestników: 8 lub więcej
Materiały: niepotrzebne

1 Dzielimy uczestników zabawy na dwa zespoły: policjantów i złodziei.

2 Wybieramy jedno miejsce, które będzie więzieniem, np., ławkę, słup lub inne.

3 Policjanci dają złodziejom trochę czasu, żeby mogli uciec, a potem zaczynają ich gonić.

4 Gdy policjant złapie złodzieja, zabiera go do więzienia. Złodziej nie może opuścić więzienia, dopóki inny złodziej, który nie został złapany, nie dotknie go. Policjanci muszą strzec więzienia, żeby więźniowie nie mogli z niego uciec.

5 Po złapaniu wszystkich złodziei, zespoły zamieniają się rolami i zabawa zaczyna się od nowa.

197. Jadowity wąż

„Jadowity wąż" to zabawa, w której ucieczka staje się coraz trudniejsza.

Wiek: od 6 lat
Orientacyjny czas: 10 minut
Ilość uczestników: 5 lub więcej
Materiały: niepotrzebne

1 Wybrana osoba zostaje wężem, a pozostałe przed nim uciekają.

2 Gdy wąż kogoś dotknie, osoba ta musi położyć rękę na miejscu ukąszenia i trzymać ją tam. Jeśli wąż ugryzł dziecko w stopę lub w kolano, musi ono dalej uciekać na kolanach.

3 Osoba ukąszona trzy razy staje się wężem i łapie inne dzieci. Ta sama osoba nie może być dotknięta dwa razy z rzędu.

4 Wygrywa osoba, która jako ostatnia zamieni się w węża.

198. Berek łańcuchowy

W tej zabawie dzieci łapią innych, trzymając się za ręce.

Wiek: od 7 lat
Orientacyjny czas: 30 minut
Ilość uczestników: 8 lub więcej
Materiały: niepotrzebne

1 Wybrana osoba będzie berkiem. Gdy złapie jakieś dziecko, chwytają się za ręce i próbują schwytać pozostałe dzieci.

2 Para ta goni inne dzieci. a kiedy będzie ich czworo, mogą podzielić się na dwie pary.

3 Każda para biega niezależnie od siebie, ale gracze mogą próbować wspólnie łapać pozostałych, próbując ich otoczyć.

4 Stopniowo powstaje coraz więcej par berków. Z dwóch trójek można też utworzyć trzy pary.

5 Gra kończy się, gdy wszyscy zostaną złapani.

199. Stop

W tej zabawie możesz zatrzymać się, żeby uniknąć złapania.

Wiek: od 7 lat
Orientacyjny czas: 10 minut
Ilość uczestników: 7 lub więcej
Materiały: niepotrzebne

1 Jedna osoba zostaje berkiem. Pozostałe uciekają, żeby nie dać się złapać.

2 Dziecko, które za chwilę może zostać złapane, może powiedzieć „stop" i zastygnąć w bezruchu, z szeroko rozstawionymi nogami i wyprostowanymi na boki rękami. Osoba, która zastygła w bezruchu nie może być złapana, lecz nie może się poruszyć, dopóki ktoś jej nie uratuje.

3 Żeby to zrobić, inne dziecko musi przeczołgać się pod jej nogami. Stojącej osobie nie wolno go wtedy dotykać.

4 Jeśli berek dotknie kogoś, zanim ta osoba zdąży zastygnąć w bezruchu, osoby te zamieniają się rolami. Jeśli wszyscy zastygli w bezruchu i nie ma komu ich uratować, ostatnia osoba, która powiedziała „stop", zostaje nowym berkiem.

200. Przecinanie nici

*Bawiąc się w „Przecinanie nici", dzieci jednocze-
śnie rozwijają swoją wyobraźnię.*

Wiek: od 7 lat
Orientacyjny czas: 10 minut
Ilość uczestników: 6 lub więcej
Materiały: niepotrzebne

1 Na początku zabawy osoba, która będzie berkiem mówi, kogo będzie gonić, np. „Będę goniła… Tomka". Dzieci muszą sobie wyobrazić, że
między tymi dwiema osobami jest niewidoczna nić
i dziecko połączone nicią jest jedyną osobą, którą
berek może gonić.

2 Pozostali mogą przeciąć tę nić, wbiegając między te dwie osoby. Jeśli jakieś dziecko to zrobi,
niewidzialna nić połączy go z berkiem i teraz ono
będzie musiało uciekać.

3 Jeśli nikt nie przetnie nici, osoba, którą goni
berek, sama może sprawić, że jakieś dziecko przetnie ją mimowolnie, jeśli na przykład schowa się za nim
i wtedy berek będzie mógł gonić to dziecko.

4 Jeśli berkowi uda się kogoś dotknąć, nowy
berek musi głośno powiedzieć, kogo zamierza
gonić.

201. Węże

*Zabawa wymagająca dobrej współpracy między
członkami tego samego zespołu.*

Wiek: od 7 lat
Orientacyjny czas: 10 minut
Ilość uczestników: 8 lub więcej
Materiały: niepotrzebne

1 Dzieci dzielą się na dwie co najmniej cztero-
osobowe grupy. Każda z nich musi utworzyć
„węża", dlatego członkowie każdego zespołu powinni ustawić się jeden za drugim i chwycić osobę stojącą z przodu za biodra. Członkowie grupy muszą
podążać za osobą, która jest na początku węża.

2 Gdy węże staną w pewnej odległości od siebie,
można rozpocząć zabawę.

3 Każdy wąż ma za zadanie ukąsić ogon przeciwnika, to znaczy pierwsza osoba w jednym rzędzie musi dotknąć ostatniej osoby w drugim.

4 Zwycięża wąż, któremu się to uda. Im wąż jest
dłuższy, tym trudniej jest mu się poruszać. Jeśli
jest wiele dzieci, mogą utworzyć więcej niż dwa
węże.

202. Powitania

Zabawa zespołowa, w której liczy się szybkość i dobry refleks.

Wiek: od 7 lat
Orientacyjny czas: 30 minut
Ilość uczestników: 8 lub więcej
Materiały: kreda

1 Dzieci dzielą się na dwa równe zespoły.

2 Drużyny stają naprzeciwko siebie w odległości około dziesięciu metrów i rysują na ziemi linię, żeby zaznaczyć swoje pozycje.

3 Zespoły muszą uzgodnić, która osoba zacznie zabawę.

4 Wybrane dziecko podchodzi do drugiej drużyny. Wszyscy członkowie tego zespołu wyciągają przed siebie ręce, wewnętrzną stroną dłoni do góry.

5 W geście powitania dziecko dotyka ich dłoni, idąc od lewej strony do prawej. Może przywitać się z tyloma osobami, z iloma tylko chce.

6 Nagle dziecko bez ostrzeżenia daje jednej osobie klapsa w rękę i biegnie jak najszybciej do swoich kolegów z zespołu.

7 Osoba, która dostała klapsa, próbuje dogonić to dziecko, zanim przekroczy linię.

8 Jeśli uda jej się je dogonić, złapana osoba musi przyłączyć się do przeciwnego zespołu.

9 Następnie osoba, która złapała pierwsze dziecko podchodzi do przeciwnej drużyny i również w pewnej chwili daje komuś klapsa.

10 Jeśli osoba, która goni inne dziecko nie zatrzyma się w porę i przekroczy linię przeciwnego zespołu, zostaje jego członkiem.

11 Zabawa kończy się wtedy, gdy jedna drużyna zostanie całkowicie wchłonięta przez drugą.

203. Żabi berek

W tej zabawie dziecko może uniknąć złapania, jeśli zdąży ukucnąć, ale nie może potem wstać, dopóki ktoś inny go nie przeskoczy.

Wiek: od 7 lat
Orientacyjny czas: 10 minut
Ilość uczestników: 6 lub więcej
Materiały: niepotrzebne

1 Wybrana osoba zostaje berkiem i musi gonić inne dzieci.

2 Gdy ktoś obawia się, że za chwilę zostanie złapany, może krzyknąć: „stój" i natychmiast ukucnąć, a wtedy berek nie może go dotknąć.

3 Osoba, która ukucnęła, może wstać dopiero wtedy, gdy ktoś inny położy ręce na jej plecach i przeskoczy przez nią jak przez kozioł.

4 Jeśli berek dotknie jakieś dziecko, zanim zdąży ukucnąć, złapana osoba zostaje nowym berkiem.

204. Buldog

Bardzo śmieszna zabawa, w której trzeba zmusić inną osobę, żeby usiadła.

Wiek: od 8 lat
Orientacyjny czas: 10 minut
Ilość uczestników: 7 lub więcej
Materiały: kreda

1 Wybrana osoba zostaje buldogiem i musi stanąć na linii dzielącej plac zabaw na pół. Buldog może poruszać się tylko po tej linii.

2 Gdy buldog zawoła: „start", wszyscy próbują przedostać się z jednego końca placu na drugi, unikając spotkania z groźnym psem.

3 Gdy buldog kogoś złapie, musi sprawić, że osoba ta dotknie pupą ziemi. Jeśli mu się to uda zanim jego ofiara ucieknie, złapane dziecko zostaje drugim buldogiem, który musi zostać na linii i pomagać w łapaniu.

4 Gdy któryś z psów schwyta jakieś dziecko, inne buldogi mogą pomóc swojemu koledze i wspólnie zmusić ofiarę, żeby usiadła. Gra kończy się, gdy wszyscy zmienią się w buldogi.

205. Odsiecz

W tej gonitwie trzeba podzielić plac zabawy na dwie części.

Wiek: od 8 lat
Orientacyjny czas: 10 minut
Ilość uczestników: 16 lub więcej
Materiały: kreda

1 Podzielcie plac zabawy na pół, rysując linię i koło na środku. Na każdej połowie zaznaczcie „bazę" i więzienie tak, żeby znajdowały się naprzeciwko siebie w linii poprzecznej.

2 Uczestnicy zabawy powinni podzielić się na dwie grupy. Każdy zespół wybiera sobie kapitana i staje w swojej bazie.

3 Kapitan rozpoczynającej drużyny mówi imię jakiegoś członka swojego zespołu, który musi pobiec do koła i krzyknąć: „Jestem!" W tej chwili kapitan przeciwnej drużyny mówi, która osoba z jego zespołu będzie gonić przeciwnika. Gdy tylko osoba ta opuści swoją bazę, kapitan przeciwnego zespołu mówi, kto będzie gonił tę drugą osobę, i tak dalej.

4 Złapane dziecko jest zabierane do więzienia, skąd może uwolnić je tylko inny członek jego drużyny, który nie został jeszcze dogoniony. Nie można złapać osoby, która stoi w swojej bazie.

5 Gra kończy się wtedy, gdy wszyscy członkowie jednej drużyny zostaną złapani. Wygrywa zespół, któremu udało się dogonić wszystkich przeciwników.

206. Berek z piłką

W tej zabawie nigdy nie wiadomo, kto kogo goni, ponieważ role jej uczestników zmieniają się przez zwykłe podanie piłki.

Wiek: od 9 lat
Orientacyjny czas: 30 minut
Ilość uczestników: 8 lub więcej
Materiały: 2 piłki w różnych kolorach

1 Dzieci dzielą się na dwie grupy. Każdy zespół ma jedną piłkę. Członkowie jednej drużyny będą gonić dzieci z drugiego zespołu.

2 Osoba z piłką próbuje dogonić innego posiadacza piłki, żeby zamienić się rolami.

3 Osoba trzymająca piłkę, która obawia się, że za chwilę zostanie złapana, może podać ją koledze lub koleżance ze swojego zespołu, żeby uniknąć złapania.

4 Członkowie goniącej drużyny również mogą podawać sobie piłkę, żeby szybciej złapać przeciwnika.

5 Zabawa kończy się, gdy wszyscy zmęczą się bieganiem i nie będzie zwycięzców ani pokonanych.

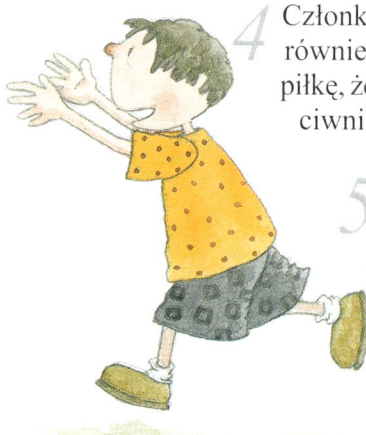

207. Łodzie podwodne

Pasjonująca zabawa zespołowa, którą trzeba urządzać na płaskim terenie.

Wiek: od 9 lat
Orientacyjny czas: 10 minut
Ilość uczestników: 8 lub więcej
Materiały: opaski na oczy

1 Dzieci dzielą się na dwie grupy. Każda z nich tworzy łódź podwodną, ustawiając się w rzędzie, jedna osoba za drugą i kładąc ręce na ramiona osoby stojącej z przodu.

2 Wszyscy mają na oczach opaski, z wyjątkiem ostatniej osoby w każdym rzędzie. Osoby te muszą kierować łodziami.

3 Kierowanie polega na przekazywaniu klepnięć w ramiona od ostatniej do pierwszej osoby w łodzi. Jedno klepnięcie w oba ramiona oznacza, że łódź powinna poruszać się do przodu. Klepnięcie w jedno ramię znaczy, że łódź powinna skręcić w lewo lub w prawo. Dwa klepnięcia w obydwa ramiona oznaczają, że łódź musi odpalić torpedę. Odpalanie torpedy polega na tym, że pierwsza osoba w każdym rzędzie odłącza się od zespołu i idzie przed siebie z rękami wyciągniętymi do przodu, dopóki nie dotknie drugiej łodzi lub nie dotrze do krawędzi placu zabaw.

4 Gdy sternik, czyli ostatnia osoba w rzędzie, klepnie ramię osoby z przodu, musi ona przekazać tę instrukcję kolejnej osobie, i tak dalej, aż wiadomość otrzyma dziecko na początku łodzi, które musi wykonać odpowiednią czynność.

5 Każdy sternik kieruje łodzią, posługując się tym samym systemem. Wygrywa łódź, która „storpeduje" przeciwnika.

3.6

Zabawy na szybkość i refleks

Najważniejszą rzeczą w tych zabawach jest ruch.

Rzucając piłką, skacząc lub biegając, dzieci spalają energię w ćwiczeniach,

które maksymalnie wykorzystują plac zabaw.

Zabawy przedstawione w tej części książki mają charakter grupowy.

Bardzo dobrze sprawdzają się na podwórku, w parku lub na wycieczce,

gdzie można znaleźć trochę miejsca na urządzenie ćwiczeń ruchowych.

208. Nie karmić goryla

„Nie karmić goryla" to bardzo śmieszna zabawa dla najmłodszych dzieci, w której każdy, kto prowokuje goryla, może skończyć w jego klatce.

Wiek: od 5 lat
Orientacyjny czas: 10 minut
Ilość uczestników: 5 lub więcej
Materiały: kreda

1 Narysujcie na ziemi dwa koła, jedno wewnątrz drugiego, o średnicy około czterech i sześciu metrów.

2 Jedna osoba staje w środku wewnętrznego koła i gra rolę goryla. Pozostałe stają między dwoma okręgami.

3 Dzieci starają się dotknąć zwierzęcia tak, żeby goryl nie złapał ich i nie wciągnął do wewnętrznego koła.

4 Osoby wciągnięte do klatki stają się gorylami. Gra kończy się wtedy, gdy wszyscy znajdą się w klatce.

153

209. Płonący dom

Idealna gra na małe tarasy. Musisz być szybki, żeby nie stracić domu.

Wiek: od 5 lat
Orientacyjny czas: 10 minut
Ilość uczestników: 5 lub więcej
Materiały: niepotrzebne

1 Na początku ustalamy, w którym miejscu będziemy się bawić. Każdy staje w innym miejscu, które będzie jego domem: w rogu, pod ścianą, przy słupie, itp.

2 Jedna osoba, która nie ma swojego domu, staje w środku.

3 Gdy zawoła ona: „Twój dom się pali!", wszyscy uczestnicy zabawy muszą przenieść się do innego domu. Osoba w środku wykorzystuje to i również stara się zająć jeden dom.

4 Dziecko, które nie znajdzie swojego domu, staje w środku i powtarza czynności swojego poprzednika.

210. Pukanie w ścianę

„Pukanie w ścianę" to jedna z najbardziej lubianych dziecięcych zabaw. Trzeba być bardzo opanowanym, żeby stać nieruchomo.

> **Wiek:** od 5 lat
> **Orientacyjny czas:** 10 minut
> **Ilość uczestników:** 4 lub więcej
> **Materiały:** niepotrzebne

1 Wybrana osoba zostaje „babcią", staje twarzą do ściany i opiera się o nią rękami na wysokości ramion. Pozostałe dzieci ustawiają się za linią w odległości około dziesięciu metrów od babci.

2 Babcia puka rytmicznie w ścianę, mówiąc: „1, 2, 3, puk, puk w ścianę". W tym czasie wszyscy jak najszybciej podchodzą do ściany.

3 Gdy tylko babcia skończy mówić, szybko odwraca się od ściany i spogląda na dzieci, które muszą zastygnąć w bezruchu.

4 Babcia mówi, kto nie potrafi stać nieruchomo lub poruszył się na jej oczach. Osoba, która poruszy się wtedy, gdy widzi ją babcia, musi wrócić na linię startu.

5 Czynności te trzeba powtarzać kilka razy, aż komuś uda się dotknąć pleców babci. Osoba ta zostaje nową babcią, a pozostałe dzieci wracają na linię startu.

211. Dołącz do nas

„Dołącz do nas" to jedna z niezliczonych zabaw ze skakanką, w której liczy się zręczność i dobra współpraca między graczami.

> **Wiek:** od 7 lat
> **Orientacyjny czas:** 10 minut
> **Ilość uczestników:** 5 lub więcej
> **Materiały:** sznurek lub linka o długości około 5 metrów

1 Dwie osoby kręcą skakanką. Pozostałe stają za jedną z nich.

2 Dzieci kręcące skakanką mówią rytmicznie: „Dołącz do nas, numer jeden, dołącz do nas, numer dwa…" i tak dalej.

3 Za każdym razem, gdy powiedzą jakąś liczbę, nowa osoba musi wejść pod skakankę i dołączyć do skaczących dzieci, aż w końcu będą wszyscy jednocześnie skakać przez skakankę.

4 Osoby trzymające skakankę zaczynają wtedy skandować: „Odejdź od nas, numer jeden…" i gracze po kolei wychodzą spod skakanki i ustawiają się po przeciwnej stronie.

5 Jeśli ktoś nie podskoczy w porę, zamienia się miejscami z jedną z osób kręcących skakanką i zabawa zaczyna się od nowa.

212. Zabójcza piłka

"Zabójcza piłka" to pasjonująca gra, w której trzeba szybko uciekać przed piłką.

Wiek: od 7 lat
Orientacyjny czas: 30 minut
Ilość uczestników: 10 lub więcej
Materiały: piłka, kreda

1 Narysujcie na ziemi prostokątne boisko o szerokości około czterech metrów i długości dziesięciu metrów i podzielcie je na połowę.

2 Gracze dzielą się na dwa zespoły i każda drużyna staje na swojej połowie boiska. Każdy zespół wysyła jedną osobę, która będzie stała za przeciwną drużyną. Gracz, który idzie tam na początku zabawy, wróci na swoją połowę boiska, gdy tylko ktoś z jego zespołu zostanie zbity.

Na początku gry jedna osoba rzuca piłką, próbując trafić nią w członka przeciwnej drużyny. Nikomu nie wolno wychodzić poza linię boiska.

4 Jeśli piłka dotknie jakiegoś dziecka, a potem spadnie na połowę boiska tego gracza, osoba ta zostaje zbita. Zbici stają za zespołem przeciwnika i zbierają piłki rzucone przez graczy z ich drużyny. Jeśli zbity gracz trafi kogoś z przeciwnego zespołu, odzyskuje życie i powraca na swoją połowę boiska. Zbity gracz ma jedną szansę na trafienie przeciwnika.

5 Jeśli piłka odbije się od ziemi i potem dotknie jakiegoś gracza, który złapie ją lub jeśli odbije się od kogoś i wypadnie poza boisko, osoba ta nie zostaje zbita i może rzucić piłką.

6 Gra kończy się, gdy wszyscy członkowie jednego zespołu zostaną zbici. Ostatnia osoba z drużyny może wykonać trzy rzuty, żeby ocalić członka swojego zespołu i móc kontynuować grę.

155

213. Żabie skoki

Zabawa wymagająca pewnej sprawności w zamian za dobrą rozrywkę.

Wiek: od 7 lat
Orientacyjny czas: 10 minut
Ilość uczestników: 3 lub więcej
Materiały: niepotrzebne

1 Osoba pełniąca funkcję kozła pochyla się i zakrywa twarz dłońmi tak, jak na rysunku.

2 Pozostałe dzieci ustawiają się w rzędzie za tą osobą, żeby potem skakać nad nią.

3 Żeby przeskoczyć nad pochyloną osobą, trzeba oprzeć ręce na jej plecach i rozszerzyć nogi tak, żeby nie dotknąć jej podczas skoku.

4 Gdy dziecko wykona wszystkie skoki i znajdzie się na końcu rzędu, pochyla się, żeby inni mogli przeskoczyć nad nim.

5 Gdy wszyscy przeskoczyli nad pierwszą osobą, dziecko to wstaje i skacze przez wszystkich innych uczestników zabawy.

214. Korytarz

Zabawny wyścig, w którym nie wolno stracić piłki ani pozwolić drugiej drużynie wyjść na prowadzenie.

Wiek: od 7 lat
Orientacyjny czas: 10 minut
Ilość uczestników: 8 lub więcej
Materiały: dwie piłki

jak pierwszy zawodnik, i tak dalej, aż piłka dotrze do ostatniego gracza.

4 Gdy ostatnia osoba dostanie piłkę, biegnie na początek rzędu, kozłując ją po drodze i powtarza czynności pierwszego zawodnika.

5 Zwycięża drużyna, która jako pierwsza dotrze do linii końcowej.

1 Dzieci dzielą się na dwa zespoły i ustawiają się jedno za drugim na linii startu. Pierwsza osoba w każdej drużynie trzyma piłkę.

2 Na dany sygnał pierwszy zawodnik obiema rękami podaje piłkę do tyłu nad głową.

3 Drugi gracz bierze ją i podaje dalej między nogami. Kolejna osoba podaje ją tak,

215. Chusteczka

Znana zabawa sprawdzająca szybkość i zwinność dzieci.

Wiek: od 7 lat
Orientacyjny czas: 30 minut
Ilość uczestników: 9 lub więcej
Materiały: chusteczka, kreda

1 Na początku wybieramy osobę, która poprowadzi zabawę i będzie trzymała chusteczkę. Pozostali uczestnicy zabawy dzielą się na dwa zespoły i każdy otrzymuje swój numer.

2 Rysujemy na ziemi trzy równoległe linie w odległości około siedmiu metrów jedna od drugiej. Prowadzący staje na końcu środkowej linii i w wyciągniętej ręce trzyma chusteczkę. Zespoły ustawiają się za swoimi liniami.

3 Prowadzący wywołuje jakiś numer, a członkowie obu zespołów, którym przydzielono ten numer biegną do prowadzącego, żeby złapać chusteczkę, wrócić z nią do swojej drużyny i nie dać się złapać przeciwnikowi.

4 Jeśli graczowi uda się zabrać chusteczkę do swojej bazy, tzn. za linię jego zespołu, osoba, która goniła go, odpada z gry i staje za prowadzącym. Jeśli natomiast goniącemu uda się złapać dziecko z chusteczką, to ono jest eliminowane z gry.

5 Zawodnikowi nie wolno przekraczać środkowej linii, dopóki jego przeciwnik nie chwyci chusteczki. Jeśli ktoś uda, że zabrał chusteczkę i podstępem zmusi przeciwnika do przekroczenia linii, osoba, która ją przekroczyła, odpada z gry.

6 Po wyeliminowaniu zawodnika z gry, inny członek tego samego zespołu przejmuje jego numer, lecz zachowuje swoją pierwszą liczbę.

7 Gracz, który przed chwilą złapał chusteczkę, może uratować kolegę lub koleżankę ze swojej drużyny dotykając tę osobę po drodze do bazy. Jeśli zawodnik z przeciwnego zespołu znów dotknie tego gracza, jest on ponownie eliminowany z gry.

8 Prowadzący wywołuje numery tak długo, aż wszyscy zawodnicy z jednej drużyny zostaną wyeliminowani.

157

216. Rekiny i żeglarze

W tej zabawie trzeba być bardzo szybkim, żeby nie zostać zjedzonym przez rekina.

Wiek: od 8 lat
Orientacyjny czas: 30 minut
Ilość uczestników: 8 lub więcej
Materiały: piłka, kreda

1 Dzieci dzielą się na dwie grupy: rekiny i żeglarzy ocalałych z morskiej katastrofy. Na ziemi rysujemy wyspy - dwa koła o średnicy około trzech metrów, w odległości co najmniej piętnaście metrów od siebie.

2 Rozbitkowie stoją na jednej wyspie, a rekiny pływają w morzu.

3 Jeden z żeglarzy rzuca piłkę jak najdalej, ale tak, żeby nie wypadła poza plac zabaw i biegnie do drugiej wyspy.

4 Rekiny muszą odzyskać piłkę i dotknąć nią rozbitka zanim dobiegnie do wyspy. Jeśli im się to powiedzie, osoba ta staje się rekinem.

5 Gdy na pierwszej wyspie nie będzie już żadnego rozbitka, należy policzyć, ilu żeglarzom udało się dotrzeć do drugiej wyspy. Następnie drużyny zamieniają się rolami.

217. Przechwytywanie piłki

W tej grze nie wolno pozwolić, żeby drugi zespół złapał piłkę, ale trzymając ją, nie wolno się ruszać.

Wiek: od 8 lat
Orientacyjny czas: 30 minut
Ilość uczestników: 8 lub więcej
Materiały: piłka

1 Zawodnicy dzielą się na dwie drużyny. Jeden zespół dostaje piłkę i zaczyna grę.

2 Członkowie tej drużyny podają sobie piłkę, a członkowie przeciwnego zespołu próbują ją złapać w powietrzu, gdy jedna osoba rzuca do drugiej.

3 Wszyscy biegają i ustawiają się tak, żeby można im było podać piłkę lub starają się przechwycić ją i odebrać przeciwnikom. Osoba, która trzyma piłkę nie może poruszyć stóp z miejsca, w którym stała, gdy złapała piłkę.

4 Zabawa kończy się wtedy, gdy wszyscy są zbyt zmęczeni, żeby dalej biegać.

218. Nieruchomy cel

Jeśli nie chcesz, żeby ktoś uderzył cię piłką, musisz bardzo uważnie obserwować osobę, która ją rzuca.

Wiek: od 8 lat
Orientacyjny czas: 30 minut
Ilość uczestników: 5 lub więcej
Materiały: piłka

1 Wszyscy gracze ustawiają się wokół osoby, która trzyma piłkę i dotykają ją jedną ręką.

2 Osoba ta rzuca piłkę obiema rękami w górę i głośno mówi jakieś imię, np. „Klaudia!"

3 Wszyscy oprócz Klaudii muszą uciec od piłki. Klaudia próbuje złapać ją jak najszybciej.

4 Jeśli uda jej się złapać piłkę, zanim odbije się od ziemi, może rzucić ją w górę jeszcze raz i powiedzieć nowe imię. Jeśli złapie ją po odbiciu, krzyczy: „stać, bo strzelam" i wszyscy muszą zatrzymać się w miejscu, w którym są.

5 Klaudia musi rzucić piłkę z miejsca, w którym ją złapała, starając się uderzyć nią w innego gracza. Jeśli chce, może zrobić trzy kroki w kierunku wybranej osoby.

6 Jeśli piłka trafi w jakiegoś zawodnika i potem odbije się od ziemi, osoba ta traci życie. Jeśli rzut będzie niecelny lub zawodnikowi uda się złapać piłkę, to Klaudia traci życie.

7 Osoba, która straciła życie, rzuca piłkę w górę, zaczynając następną rundę. Zawodnik odpada z gry, gdy straci życie trzy razy.

3.6 Zabawy na szybkość i refleks

159

ZABAWY NA POWIETRZU

219. Więźniowie

Ta zabawa najlepiej nadaje się na place zabaw i boiska. Musisz bardzo szybko biegać, żeby uwolnić złapanych kolegów i koleżanki.

Wiek: od 8 lat
Orientacyjny czas: 30 minut
Ilość uczestników: 10 lub więcej
Materiały: kreda

1 Dzieci dzielą się na dwie grupy i rysują prostokątne boisko tak, jak na rysunku. Dzieci bawią się na środkowych polach boiska, a jego końce to strefy dla więźniów.

2 Każdy zespół ustawia się na jednym ze środkowych pól i wysyła jedną osobę, która będzie więźniem na początku gry.

3 W trakcie zabawy gracze starają się uwolnić członków swojego zespołu, przebiegając jak najszybciej przez pole przeciwnej drużyny tak, żeby nikt ich nie dotknął. Jeśli im się to uda, wracają na swoje pole z uratowanym więźniem, lecz jeśli zostaną dotknięci, zostają wtrąceni do więzienia.

4 Gra kończy się, gdy wszyscy członkowie jednego zespołu trafią do więzienia.

220. Podaj piłkę

Niezwykle prosta zabawa, która sprawia dzieciom tak dużo przyjemności, że zazwyczaj kończy się z powodu przemęczenia.

Wiek: od 9 lat
Orientacyjny czas: 30 minut
Ilość uczestników: 8 lub więcej
Materiały: piłka

1 Zawodnicy dzielą się na dwa zespoły. Grę zaczyna drużyna, która ma piłkę.

2 Dzieci podają piłkę innym członkom swojej drużyny, licząc głośno wszystkie podania.

3 Drugi zespół stara się odebrać im piłkę lub przynajmniej ją dotknąć. Jeśli uda mu się ją przechwycić, drużyny zamieniają się rolami i zespół, który ma piłkę zaczyna liczyć podania.

4 Jeśli w trakcie podania piłka odbije się o ziemię, zostanie dotknięta przez członka przeciwnego zespołu lub złapana przez tę samą osobę, która ją rzuciła, liczenie podań należy zacząć od początku.

5 Celem gry jest podanie piłki jak największą ilość razy.

221. Turniej rycerski

„Turniej rycerski" to jedna z wielu zabaw, w których jedna osoba nosi drugą na barana.

Wiek: od 9 lat
Orientacyjny czas: 10 minut
Ilość uczestników: 8 lub więcej
Materiały: kreda

1 Dzieci dobierają się w pary. Jedna osoba jest koniem i nosi drugą - rycerza na swoich plecach.

2 Rycerze trzymają w dłoni kawałek kredy. Ich zadaniem jest zostawić ślad kredy na plecach przeciwnika.

3 Gdy na plecach rycerza znajdą się trzy ślady kredy, rycerz ten zamienia się miejscami ze swoim koniem. Gdy to samo spotka konia, para jest eliminowana z gry.

4 Zwycięża para, która pozostanie na placu boju, gdy wszystkie inne pary odpadną z turnieju.

222. Osaczeni

W tej zabawie trzeba wykazać się refleksem, chociaż jej uczestnicy nie muszą biegać.

Wiek: od 9 lat
Orientacyjny czas: 30 minut
Ilość uczestników: 10 lub więcej
Materiały: piłka, kreda

1 Narysuj na ziemi koło o średnicy około trzech metrów. Dzieci dzielą się na dwa zespoły. Jedna drużyna staje w kole, a druga poza nim.

2 Członkowie zespołu stojącego na zewnątrz koła podają sobie piłkę i nagle rzucają nią w jedną z osób stojących w kole. Jeśli piłka trafi przeciwnika i odbije się od ziemi, gracz ten odpada z gry.

3 Jeśli komuś uda się złapać piłkę zanim spadnie na ziemię, gracz ten może rzucić nią w przeciwników. Jeśli złapie piłkę po odbiciu, musi rzucić ją z tego samego miejsca. Osoby stojące na zewnątrz koła mogą unikać piłki klęcząc lub podskakując, ale nie wolno im ruszyć się z miejsca, w którym stoją.

4 Gra kończy się, gdy wszyscy członkowie jednego zespołu zostaną wyeliminowani z gry.

3.7

Zabawy na większą skalę

Wyjazdy poza miasto, wycieczki szkolne

i obozy letnie to świetne okazje do zorganizowania wyjątkowych gier i zabaw.

Ilość uczestników i obszar, na którym można urządzić te zabawy, są większe niż zazwyczaj.

Można wtedy zorganizować zabawy na większą skalę,

które nie są możliwe w innych okolicznościach.

Gry na większą skalę zajmują więcej czasu oraz wymagają dobrej organizacji

i starannego przygotowania materiałów i miejsca zabawy.

223. Na przełaj po omacku

Do przygotowania tej zabawy potrzeba wielu organizatorów, ale *„Na przełaj po omacku"* to idealna gra na obozy letnie, ponieważ dostarcza dzieciom niezwykłych wrażeń.

Wiek: od 5 lat
Orientacyjny czas: 30 minut
Ilość uczestników: 8 lub więcej
Materiały: kłębek sznurka, opaski na oczy, różne przedmioty, po których można chodzić, np. pudełka, gazety, balony, szmaty

1 Na początku należy wyznaczyć szlak przez park lub las, przywiązując sznurek na wysokości około półtora metra nad ziemią.

2 Zgnieć wszystkie strony gazety, zrób z nich kule i połóż je na ziemi pod jednym z odcinków sznurka.

3 Na innym odcinku sznurka powieś klamerki do wieszania ubrań.

4 Na innej części szlaku rozlej wodę i zrób błoto.

5 W innym miejscu ustaw w rzędzie różne pudełka.

6 Na dwumetrowym odcinku sznurka przywiąż kilka napompowanych balonów.

7 Po przygotowaniu trasy z przeszkodami jeden z organizatorów przyprowadza pierwszą osobę na początek szlaku. Jej zadaniem jest pokonać szlak, trzymając się sznurka. Przewodnik powinien asekurować uczestników zabawy, uważać, żeby nie upadli i ostrzegać ich przed różnymi przeszkodami.

8 Inni mogą ustawić się w różnych miejscach na trasie i wyć jak duchy, głaskać przechodzącą osobę szmatkami po twarzy, szczekać lub łaskotać ją.

9 Przejście po trasie powinno być świetną zabawą i ekscytującym przeżyciem. Jeśli lubisz niespodzianki i pokonywanie przeszkód, ta zabawa na pewno ci się spodoba.

3.7 Zabawy na większą skalę

163

ZABAWY NA POWIETRZU

224. Pojedynek z kredą

W tej zabawie dzieci muszą umieć się bronić, jeśli chcą zachować swoje „pieniądze".

Wiek: od 9 lat
Orientacyjny czas: 30 minut
Ilość uczestników: 8 lub więcej
Materiały: kreda, tektura, nożyczki

1 Każda osoba otrzymuje kawałek kredy i 10 „monet" zrobionych z tektury. Następnie wszyscy biegną, aby schować się w lesie.

2 Na dany sygnał dzieci szukają się nawzajem. Po odnalezieniu trzeba zostawić ślad kredy na ubraniu drugiej osoby. Znalezione dziecko może się bronić i również próbować zrobić to samo.

3 Pierwsza osoba, której to się uda, krzyczy „trafiony" i pojedynek się kończy. Jeśli ślad został na rękach lub nogach, „zaznaczona" osoba daje przeciwnikowi jedną monetę. Jeśli ślad został na tułowiu, trzeba oddać dwa tekturowe krążki. Nie wolno zostawiać śladów kredy powyżej ramion.

4 Osoba, która została kilkakrotnie pomalowana kredą i straciła wszystkie swoje monety, odpada z dalszej gry.

5 W czasie pojedynku dwóch uczestników zabawy, trzecia osoba może przyłączyć się do ich walki, pomalować ich i zdobyć ich monety. Nie wolno atakować osób, które otrzymują monety lub sprawdzają, gdzie zostały ślady kredy.

6 Po skończeniu zabawy uczestnicy liczą swoje monety, żeby sprawdzić, kto uzbierał ich najwięcej.

225. Wodne igrzyska*

Mini-olimpiada, w której potrzebna jest woda, choć nie trzeba mieć basenu ani umieć pływać. Bardzo dobrze sprawdza się na obozach letnich.

Wiek: od 8 lat

Orientacyjny czas: ponad godzinę

Ilość uczestników: 8 lub więcej

Materiały: świeczki, zapalniczki, plastikowe kubki, kreda, piłki do tenisa, plastikowe butelki, mazaki, woda

1 Organizatorzy przygotowują trzy dyscypliny mini-olimpiady, ale z odrobiną wyobraźni zawsze można dodać inne. Uczestnicy zabawy dzielą się na dwa zespoły.

2 W pierwszym wyścigu zawodnicy muszą dotrzeć do mety, trzymając w ręku zapaloną świeczkę. Członkowie przeciwnej drużyny stoją po bokach trasy za wyznaczonymi liniami i próbują zgasić świeczki wodą ze swoich kubków. Jeśli płomień zgaśnie, zawodnik musi pobiec z powrotem na linię startu i zapalić go ponownie. Każdy, komu uda się dojść do mety w określonym czasie, otrzymuje jeden punkt. Następnie zawodnicy zamieniają się rolami i teraz drugi zespół pokonuje tę trasę.

3 W drugiej dyscyplinie każda drużyna ma plastikową butelkę napełnioną wodą, którą musi przewrócić, rzucając w nią piłeczką z pewnej odległości. Gdy zawodnikowi uda się przewrócić butelkę, musi on szybko pobiec i postawić ją z powrotem, żeby wylało się z niej jak najmniej wody. Zespół może rzucać w butelkę dopóty, dopóki jest w niej jeszcze trochę wody. Gdy butelka zostanie opróżniona, zespół otrzymuje jeden punkt za każde przewrócenie butelki.

4 W trzeciej dyscyplinie wszyscy zawodnicy kładą sobie na głowie plastikowe kubki napełnione wodą i trzymają je jedną ręką. Przez pięć minut wszyscy muszą łaskotać członków przeciwnej drużyny, starając się, żeby rozlali jak najwięcej wody. Po upływie wyznaczonego czasu woda z kubków jest wlewana do plastikowej butelki ze skalą w centymetrach. Za każdy centymetr wody zespół zdobywa jeden punkt.

5 Na końcu można podliczyć punkty drużyn, żeby zobaczyć, która z nich zwyciężyła.

165

226. Flagi

Do tej zabawy potrzebna jest duża przestrzeń i chęć do zabawy w chowanego.

Wiek: od 10 lat

Orientacyjny czas: 30 minut

Ilość uczestników: 16 lub więcej

Materiały: dwie chusteczki w różnych kolorach, mąka

1 Uczestnicy zabawy dzielą się na dwa zespoły i każda drużyna otrzymuje flagę czyli chusteczkę. Następnie zespoły rozdzielają się i idą rozejrzeć się po okolicy w poszukiwaniu miejsca, gdzie można zostawić flagę.

2 Baza, którą każda drużyna sobie wybierze, powinna być bardzo trudna do odnalezienia dla przeciwnego zespołu. Po wybraniu bazy dzieci powinny oznaczyć ją, usypując mąką dookoła tego miejsca koło o średnicy około półtora metra i wkładając flagę do środka.

3 Przy fladze zostaje troje dzieci, które będą jej strzegły, a pozostałe wyruszają na poszukiwanie bazy drugiej drużyny po to, żeby wykraść ich flagę.

4 Gdy dwie osoby z przeciwnych zespołów spotkają się, muszą walczyć ze sobą jak koguty. Obie przykucają i skaczą jak koguty, popychając przeciwnika ręką, żeby stracił równowagę. Osoba, która pierwsza straci równowagę, przegrywa pojedynek i musi wrócić do bazy i stamtąd zacząć poszukiwanie jeszcze raz.

5 Jeśli ktoś znajdzie bazę przeciwnego zespołu, próbuje wykraść jego flagę i uciec z nią tak, żeby strażnicy nie dotknęli go podczas pościgu. Jeśli strażnicy złapią go, osoba ta zostaje więźniem i musi siedzieć w kole, dopóki nie przyjdzie inny członek jej drużyny, który ją uwolni.

6 Gra kończy się wtedy, gdy jednemu zespołowi uda się wykraść flagę wroga.

227. Nocny obserwator

„Nocny obserwator" to nocna zabawa, która znakomicie sprawdza się na obozach i wycieczkach poza miasto. Najlepiej urządzać ją w jasne noce, żeby nie nabawić się guzów i siniaków.

Wiek: od 10 lat
Orientacyjny czas: 30 minut
Ilość uczestników: 10 lub więcej
Materiały: sznurek, jedna latarka dla każdej osoby

1 Na początku oznaczcie ring, czyli obszar w kształcie kwadratu o boku dwóch metrów, przywiązując sznurek do drzew na wysokości około półtora metra nad ziemią.

2 Jedna osoba jest nocnym obserwatorem i stoi z latarką w środku ringu, a pozostali uczestnicy zabawy ustawiają się w miejscu niewidocznym dla obserwatora na linii startu. Obserwator jest jedyną osobą, która ma latarkę. Pozostali muszą zostawić swoje latarki w ringu na początku zabawy.

3 Na dany sygnał dzieci próbują przedostać się niepostrzeżenie do ringu. Obserwator może świecić na nich latarką, a jeśli powie imię zauważonego dziecka, musi ono wrócić na linię startu.

4 Jeśli obserwator nie rozpozna skradającej się osoby lub pomyli jej imię, dziecko to może poruszać się dalej. Dzieci mogą zamieniać się ubraniami lub zakrywać twarz, żeby nie zostały rozpoznane.

5 Gdy komuś uda się przedostać do ringu, bierze swoją latarkę i zostaje kolejnym nocnym obserwatorem.

6 Gra kończy się, gdy wszystkim uda się niepostrzeżenie przedostać do ringu.

228. Nocny patrol

W tej nocnej zabawie liczą się umiejętności aktorskie.

Wiek: od 10 lat
Orientacyjny czas: ponad godzinę
Ilość uczestników: 10 lub więcej
Materiały: latarki, tektura do zrobienia identyfikatorów, nożyczki, długopis

1 Mniej więcej jedna osoba na cztery musi być strażnikiem i patrolować wyznaczone pole gry. Pozostali uczestnicy zabawy mają za zadanie przekroczyć jego granicę.

2 Dzieci wyznaczają pole gry, na którym można będzie się chować. Strażnicy idą tam, a pozostali ustawiają się na jednej stronie. Tylko strażnikom wolno używać latarek.

3 Każdy uczestnik zabawy otrzymuje identyfikator z wymyślonym imieniem i trzema wymyślonymi cechami, które pozwalają go zidentyfikować.

Na przykład to, że dziecko ma tik w lewym oku, nie potrafi powiedzieć „r" i nie lubi słodyczy.

4 Po rozdaniu identyfikatorów każdy ma pięć minut na przeczytanie ich i nauczenie się, jak naśladować tę osobę.

5 Dzieci starają się przekroczyć granicę pola gry tak, żeby nie dostrzegli ich strażnicy. Jeśli zostaną złapane, muszą pokazać strażnikowi swój identyfikator. Strażnik zadaje różne pytania, starając się, żeby dziecko błędnie opisało swoje cechy. Jeśli ktoś nie zachowa się tak, jak opisano to na identyfikatorze, musi wrócić na linię startu. Jeśli jego zachowanie i odpowiedzi będą poprawne, będzie mógł przekroczyć granicę.

6 Gra kończy się, gdy wszystkim uda się przejść przez granicę lub jeśli upłynie czas przeznaczony na zabawę.

229. Wielki pojedynek

„Wielki pojedynek" łączy trzy proste zabawy sprawdzające sprawność i refleks.

> **Wiek:** od 10 lat
> **Orientacyjny czas:** ponad godzinę
> **Ilość uczestników:** 8 lub więcej
> **Materiały:** klamerka, kreda i chusteczka dla każdej osoby

6 Jeśli będzie to pojedynek na chusteczki, dzieci muszą zrobić sobie ogon, to znaczy włożyć sobie chusteczki za spodnie. Zwycięzcą zostaje osoba, której jako pierwszej uda się złapać ogon przeciwnika. Dziecko, które wygrało ten pojedynek może zatrzymać sobie tę chusteczkę.

7 Jeśli okaże się, że przeciwnik stracił przedmiot, którym dziecko chce walczyć, zawodnicy nie mogą się pojedynkować. Gdy ktoś straci kredę, klamerkę i chusteczkę, odpada z gry.

8 Po upływie wyznaczonego czasu zespoły zbierają swoje kredy, klamerki i chusteczki i liczą je, żeby zobaczyć, która drużyna zdobyła ich więcej.

1 Dzieci dzielą się na dwa zespoły i każda osoba otrzymuje klamerkę, kredę i chusteczkę.

2 Następnie trzeba wyznaczyć możliwie jak największe pole zabawy, np. podwórko lub las. Dzieci rozbiegają się w różnych kierunkach.

3 Gdy dwie osoby z różnych zespołów spotkają się, jedna z nich mówi: „Wyzywam cię na pojedynek". Pierwsza osoba, która zauważy przeciwnika i powie to zdanie, decyduje jaką „bronią" będą walczyć.

4 Jeśli wybierze kredę, wygrywa pierwsza osoba, której uda się pomalować stopę przeciwnika. Pokonany musi oddać zwycięzcy swoją kredę.

5 Jeśli wybierze klamerki, wygrywa ten, kto pierwszy przypnie klamerkę do ubrania przeciwnika. Przegrany oddaje swoją klamerkę.

230. Wielobój zespołowy

Ta zabawa to zawody, w których drużyny wykonują przeróżne zadania. Wymaga dobrego przygotowania i wielu pomocników.

Wiek: od 10 lat
Orientacyjny czas: ponad godzinę
Ilość uczestników: 15 lub więcej
Materiały: różne, w zależności od zadania

1 Przygotujcie długą trasę z różnymi punktami kontrolnymi, przez które zespoły muszą przejść, żeby ukończyć zawody.

2 Na początku zabawy i za każdym razem, gdy drużyna wykona zadanie, zespół otrzymuje zaszyfrowaną wiadomość, która opisuje, gdzie jest następny punkt kontrolny.

3 W każdym punkcie musi być osoba, która będzie tłumaczyła, na czym polega zadanie i dawała wskazówki, jak dotrzeć do następnego punktu.

4 Zadania służą do sprawdzenia zręczności, spostrzegawczości, umiejętności współpracy w grupie, itp. Dzieci muszą na przykład rozśmieszyć osobę, która przydziela zadanie, cały zespół musi stanąć na trzech stopach i jednej ręce, znaleźć mały przedmiot lub opowiedzieć dowcip. Organizatorzy zabawy mogą sami wymyślić różne zadania.

5 Zaszyfrowanymi wiadomościami zawierającymi informację, gdzie jest następny punkt kontrolny, mogą być zagadki, np. „miejsce, gdzie ktoś pracuje w nocy, żebyś mógł jeść w dzień" (piekarnia) lub zdania, w których litery zastąpiono cyframi, np. „I1ź p21 naj3ększ4 1rz432 w 3i2sc4" (Idź pod największe drzewo w wiosce).

6 Po przygotowaniu trasy, zadań i wiadomości, organizatorzy idą na swoje pozycje, a zawodnicy tworzą cztero- lub pięcioosobowe zespoły.

7 Każda drużyna zaczyna zawody około dziesięć minut po poprzednim zespole, żeby grupy nie spotkały się na trasie. Wygrywa drużyna, która wykona wszystkie zadania w najkrótszym czasie.

231. Myszy i wilki

Gonitwa, w której musisz dowiedzieć się, kim jest druga osoba, żebyś wiedział, czy gonić ją, czy przed nią uciekać. Jedna osoba powinna koordynować zabawę.

Wiek: od 10 lat
Orientacyjny czas: ponad godzinę
Ilość uczestników: 15 lub więcej
Materiały: kartki papieru, mazak, przezroczysta taśma klejąca

1 Osoba prowadząca zabawę dzieli wszystkich na pięć grup: myszy, koty, psy, wilki i myśliwi. Każdy ma na swoich plecach kartkę papieru pokazującą, do której grupy należy. Nie trzeba pokazywać jej innym uczestnikom zabawy.

2 Najliczniejszą grupę powinny stanowić myszy. Inne grupy powinny być coraz mniejsze: dużo kotów, nieco mniej psów, następnie niewiele wilków i jeden lub dwóch myśliwych.

3 Dzieci rozbiegają się w różnych kierunkach i próbują się ukryć. Gdy dwa zwierzęta spotkają się, muszą zobaczyć, z kim mają do czynienia, żeby wiedzieć, czy uciekać przed tym zwierzęciem, czy gonić je.

4 Myszy uciekają przed wszystkimi z wyjątkiem myśliwych. Koty boją się psów i wilków, lecz nie myśliwych. Psy gonią myszy i koty, lecz uciekają przed wilkami. Wilki nie boją się nikogo z wyjątkiem myśliwych, choć dwa wilki mogą razem gonić myśliwego.

5 Gdy jedno zwierzę dotknie drugie, np. gdy kot dotknie mysz, oboje idą do prowadzącego i złapane zwierzę dołącza do grupy, która je złapała. W tym przypadku mysz staje się kotem. Dotyczy to wszystkich z wyjątkiem zwierząt złapanych przez myśliwego, które zawsze zmieniają się w myszy. Myśliwy dotknięty przez dwa wilki również staje się myszą.

6 Prowadzący może zmieniać ilość zwierząt w każdym gatunku, żeby zachować odpowiednie proporcje. Gra kończy się po upływie czasu przeznaczonego na tę zabawę.

3.7 Zabawy na większą skalę

171

ZABAWY NA POWIETRZU

232. Tajna wiadomość

Twoim zadaniem będzie nie pozwolić, żeby przeciw-nicy zdobyli tajną wiadomość. Bardzo przyda się umiejętność ukrywania.

Wiek: od 10 lat

Orientacyjny czas: ponad godzinę

Ilość uczestników: 14 lub więcej

Materiały: kartka papieru i długopis

1 Wszyscy dzielą się na dwa zespoły: szpiegów i tajnych agentów.

2 Wybieramy duże miejsce do zabawy (wioska, las, itp.). Szpiedzy rozbiegają się w różnych kierunkach, a agenci ustalają, gdzie będzie start i meta.

3 Przed opuszczeniem miejsca, w którym jest punkt początkowy, agenci piszą wiadomość na kartce papieru, wycinają słowa i rozdają je sobie nawzajem tak, żeby każda osoba miała co najmniej jedno słowo.

4 Każdy agent musi schować wiadomość w swoich ubraniach i wyruszyć w kierunku mety, starając się, żeby nie być zauważonym przez żadnego szpiega.

5 Jeśli szpiegowi uda się dotknąć agenta, pierwszy z nich ma minutę na przeszukanie drugiego i znalezienie jego części wiadomości. Agent musi wrócić do punktu początkowego za każdym razem, gdy zostanie złapany i przeszukany, ale nie odpada z gry, chyba że zgubi wiadomość.

6 Po upływie czasu przeznaczonego na tę zabawę szpiedzy i agenci spotykają się jeszcze raz. Jeśli szpiegom uda się odgadnąć wiadomość na podstawie znalezionych przez nich kartek, zostają zwycięzcami. Jeśli nie, wygrywają tajni agenci.

233. Tajny ślad

W tej zabawie trzeba zebrać wszystkie schowane wiadomości i ukończyć trasę tak, żeby nie zgubić się po drodze.

Wiek: od 11 lat
Orientacyjny czas: ponad godzinę
Ilość uczestników: 15 lub więcej
Materiały: kartki papieru, mazak, kreda

1. Organizator zabawy powinien ustalić trasę, którą zespoły muszą pokonać oraz zadania, które będą wykonywać. Start i meta powinny znajdować się w tym samym miejscu. Pokonanie trasy nie powinno zająć dłużej niż pół godziny.

2. Przed rozpoczęciem zabawy organizator idzie wzdłuż trasy i zostawia znaki dla zawodników. Znaki te można napisać na papierze lub narysować kredą na kamieniach lub drzewach.

3. Zawodnicy dzielą się na grupy i każda z nich otrzymuje wykaz znaków zostawionych na trasie. Oto najbardziej popularne symbole: (#) początek trasy, (→) idź w tę stronę, (Ψ) na skrzyżowaniu ścieżek skręć w lewo, (✕) zakazana ścieżka, (⊠→) wiadomość, [10] wiadomość w dziesięciu kawałkach, ⊗ koniec trasy.

4. Każdy zespół wyrusza w trasę 15 minut po poprzedniej drużynie. Musicie uważnie szukać śladów, które zaprowadzą was do mety.

5. Po odnalezieniu śladu, który oznacza schowaną wiadomość, grupa musi ją odnaleźć i wykonać zapisane tam zadanie. Wiadomość może zawierać pytania typu: „Jaki gatunek drzew jest najwyższy w tej okolicy?" lub zadania takie jak: „Zbierzcie po drodze 5 różnych kwiatów". Wszystkie znalezione wiadomości i inne rzeczy, które drużyny muszą zrobić, trzeba pokazać na mecie, żeby udowodnić, że drużyna naprawdę przebyła całą trasę.

6. Organizatorzy powinni zapisywać czas startu każdego zespołu i godzinę, o której drużyny dotarły do mety. Wygrywa grupa, która pokonała całą trasę w najkrótszym czasie.

3.8

Zabawy na festyn

Zorganizowanie festynu to fantastyczny sposób przedstawienia pewnych gier

i zabaw sąsiadom, znajomym, dzieciom ze szkoły lub klubu.

Przy pomocy bardzo prostych materiałów możecie zorganizować

mnóstwo różnych „stoisk", przy których goście będą mogli bawić się

tak długo, jak tylko chcą. Zabawy te można urządzić w jednym miejscu tak,

jak na festynie albo osobno - w domu lub na podwórku.

234. Lilie wodne

Pasjonująca zabawa w celowanie do talerzy, idealna na festyn.

> **Wiek:** od 5 lat
> **Orientacyjny czas:** 2 minuty
> **Ilość uczestników:** 1 lub więcej
> **Materiały:** miska, woda, plastikowe talerze, monety

1 Napełnij miskę wodą i połóż na niej talerze. Niech każdy talerz oznacza pewną liczbę punktów lub jakąś nagrodę.

2 W pewnej odległości od miski narysujcie koło, z którego będą rzucane monety.

3 Każda osoba rzuca pięcioma monetami. Aby zdobyć punkty lub nagrodę, moneta musi upaść na jeden z talerzy i pozostać na nim. Jeśli moneta spadnie poza miskę lub do wody, rzut nie liczy się.

235. Golenie balonów*

W tej zabawie musisz mieć delikatny dotyk, jeśli nie chcesz być ochlapanym pianką do golenia.

> **Wiek:** od 5 lat
> **Orientacyjny czas:** 2 minuty
> **Ilość uczestników:** 1 lub więcej
> **Materiały:** balony, pianka do golenia, golarki, krzesło

1 Przywiąż napompowany balon do oparcia krzesła i pokryj go pianką do golenia.

2 Dziecko siada na krześle przed balonem i zaczyna go „golić".

3 Jeśli dziecku uda się zebrać całą piankę z balonu, otrzymuje uzgodnioną wcześniej ilość punktów. Jeśli balon pęknie, będzie musiało zebrać piankę z siebie!

236. Tysiąc kubków

W tej grze trudno jest nie trafić do celu. Gwarantujemy świetną zabawę.

Wiek: od 5 lat

Orientacyjny czas: 2 minuty

Ilość uczestników: 1 lub więcej

Materiały: 25 plastikowych kubków, 3 piłeczki pingpongowe, przezroczysta taśma klejąca, papier, kredki, kreda

1 Ustaw kubki jeden obok drugiego, aby tworzyły kwadrat o boku złożonym z pięciu kubków. Połącz je taśmą klejącą i na dnie każdego kubka połóż karteczkę, na której napisano jakąś liczbę oznaczającą ilość punktów. Kubki z największą ilością punktów powinny być w środku.

2 Stojąc za linią narysowaną dwa metry od kubków, zawodnicy rzucają do nich trzema piłeczkami pingpongowymi.

3 Gracz zdobywa taką ilość punktów, jaką napisano w kubku, do którego wpadła jego piłeczka.

237. Tajemniczy dotyk

Zmysł dotyku może wprowadzić nas w błąd, jeśli nie widzimy dotykanego przedmiotu. Ta zabawa na pewno zaintryguje najmłodsze dzieci.

3 Dzieci wkładają jedną rękę do każdego pudełka i próbują zgadnąć, jaki to przedmiot. Za każdą prawidłową odpowiedź gracz otrzymuje jeden punkt.

Wiek: od 5 lat

Orientacyjny czas: 2 minuty

Ilość uczestników: 1 lub więcej

Materiały: 3 tekturowe pudełka, przedmioty o nietypowej powierzchni, nożyczki

1 W każdym pudełku wytnij dziurę o szerokości około 10 cm tak, żeby można było w nią włożyć rękę.

2 Do każdego pudełka włóż przedmiot lub materiał o niezwykłej powierzchni, np. gąbkę kuchenną, trociny, sól, liście, śruby, szczotkę, itp.

238. Obręcze

Zwykły stolik lub taboret może posłużyć do pasjonującej zabawy.

> **Wiek:** od 5 lat
>
> **Orientacyjny czas:** 2 minuty
>
> **Ilość uczestników:** 1 lub więcej
>
> **Materiały:** stary stolik lub taboret, 3 obręcze o średnicy około 5 cm

1 Połóż stolik do góry nogami na podłodze. Możesz pomalować jego nogi na różne kolory, żeby ładniej wyglądały. Jeśli nie masz żadnych obręczy, możesz je zrobić z tektury, a potem pomalować lub ozdobić w inny sposób.

2 Dwa metry od stolika zaznacz linię, zza której będziesz rzucał obręcze.

3 Krążki muszą spaść na jedną z nóg stolika. Za każdy celny rzut gracz otrzymuje jeden punkt.

239. Rzucanie do puszek

„Rzucanie do puszek" to bardzo prosta zabawa, która jest źródłem doskonałej rozrywki, choć nie wymaga wielu przygotowań.

> **Wiek:** od 5 lat
>
> **Orientacyjny czas:** 2 minuty
>
> **Ilość uczestników:** 1 lub więcej
>
> **Materiały:** 6 podobnych puszek, 3 piłki do tenisa

1 Na wysokości około metra nad ziemią ustaw puszki tak, żeby tworzyły trójkątną figurę. Postaw trzy puszki na dole, dwie w środku i jedną na górze.

2 Trzy metry od puszek narysuj linię, zza której będziecie rzucali piłkami.

3 Każda osoba ma trzy rzuty, żeby strącić puszki. Każda przewrócona puszka jest warta jeden punkt. Jeśli gracz strąci wszystkie puszki, otrzymuje jeden dodatkowy punkt.

240. Łowienie ryb*

Wędkowanie na sucho, które rozbawi dzieci i sprawdzi ich zręczność.

Wiek: od 5 lat
Orientacyjny czas: 10 minut
Ilość uczestników: 1 lub więcej
Materiały: miska z wodą, plastikowe piłki, gruby drut, małe ciężarki, mazak, sznurek, kij o długości pół metra, szczypce

1 Przekłuj plastikowe piłki przy pomocy kawałków drutu. Poruszaj drutem w różne strony, żeby powiększyć dziurki.

2 Utnij jeszcze jeden kawałek drutu o 20 cm dłuższy od średnicy piłeczki.

3 Na jednym końcu drutu zrób szczypcami pętlę o średnicy około 3 cm.

4 Następnie przekłuj drut przez piłkę i przymocuj mały ciężarek do wolnego końca drutu.

5 Dokończ robienie „ryby", rysując pysk i łuski. Na dole piłki napisz liczbę oznaczającą ilość punktów za złapanie ryby.

6 Zrób wędkę przywiązując pół metra sznurka do jednego końca kijka. Na końcu sznurka przywiąż haczyk z drutu.

7 Napełnij miskę wodą i połóż na niej ryby. Każda osoba ma trzy minuty na złapanie jak największej ilości ryb.

8 Po upływie tego czasu zapiszcie ilość zdobytych punktów.

241. Piłką do pudła

Do tej gry potrzebne jest tylko duże pudło i chęć do zabawy.

Wiek: od 5 lat
Orientacyjny czas: 2 minuty
Ilość uczestników: 1 lub więcej
Materiały: duże pudło, farbki, szczotki, nóż lub nożyczki, 5 piłek do tenisa z gąbki, kreda

1 Połóż pudło tak, żeby jego największy bok był ustawiony pionowo.

2 Na tym boku narysuj kredą 4 lub 5 kół o średnicy około 5 cm.

3 Pomaluj różnymi kolorami kontury każdego koła, a środek zostaw niepomalowany.

4 Po wyschnięciu farby wytnij koła, przez które będą wpadały piłki. Z tyłu pudła wytnij dziurę, przez którą będzie można je wyjmować.

5 Następnie ustaw pudło przy ścianie i narysuj na ziemi linię w odległości kilku metrów od pudła.

6 Każdy zawodnik oddaje pięć rzutów, próbując trafić piłkami do pudła. Za każdą wrzuconą piłkę gracz otrzymuje jeden punkt.

7 Wygrywa zdobywca największej ilości punktów.

3.8 Zabawy na festyn

179

ZABAWY NA POWIETRZU

242. Ołówek w butelce

W tej grze bawią się nie tylko jej uczestnicy, lecz także osoby obserwujące ich zmagania.

Wiek: od 6 lat
Orientacyjny czas: 2 minuty
Ilość uczestników: 1 lub więcej
Materiały: butelka, sznurek, ołówek, zegarek

1 Weź butelkę, najlepiej z grubego szkła i połóż ją na ziemi. Następnie przywiąż ołówek do metrowego sznurka.

2 Uczestnicy zabawy przywiązują sobie sznurek w pasie na plecach, żeby ołówek zwisał im na wysokości kolan.

3 Na dany sygnał dziecko ma dwie minuty, żeby włożyć ołówek do butelki bez używania rąk.

4 Za każdym razem, gdy uda mu się tego dokonać w wyznaczonym czasie, zawodnik otrzymuje jeden punkt.

243. Gaszenie świeczki*

„Gaszenie świeczki" nie jest takie proste jak się wydaje, ale może być niezwykle zabawne.

Wiek: od 6 lat
Orientacyjny czas: 2 minuty
Ilość uczestników: 1 lub więcej
Materiały: świeczka, zapalniczka, strzykawka, woda, kreda

1 Postaw zapaloną świeczkę na ziemi i zaznacz linię w odległości półtora metra od niej.

2 Zawodnik staje za linią i napełnia strzykawkę wodą.

3 Następnie próbuje zgasić płomień strumieniem wody ze strzykawki. Strzykawkę można napełnić trzy razy.

4 Za każde zgaszenie świeczki dziecko otrzymuje jeden punkt.

244. Podkowy

Wymagająca dużej zręczności zabawa, w której trzeba zbliżyć się do patyka.

Wiek: od 7 lat
Orientacyjny czas: 2 minuty
Ilość uczestników: 1 lub więcej
Materiały: patyk o długości około 40 cm, tektura, nożyczki

1 Wbij patyk w ziemię tak, żeby wystawał około 30 cm.

2 Wytnij z tektury trzy podkowy. Najlepsza jest gruba i twarda tektura, ponieważ takimi podkowami będzie łatwo rzucać. Będą także trwalsze i można będzie wykorzystać je w przyszłości.

3 Zawodnicy ustawiają się za linią w odległości około dwóch metrów od patyka.

4 Każdy gracz wykonuje trzy rzuty podkową. Powinna ona spaść tak, żeby otaczała patyk.

5 Za każdy udany rzut zawodnik dostaje jeden punkt.

245. Dzwonek

Gra zręcznościowa, w której dźwięk dzwonka powie ci, czy strzał był celny.

Wiek: od 7 lat
Orientacyjny czas: 2 minuty
Ilość uczestników: 1 lub więcej
Materiały: dzwonek, sznurek, korek

1 Powieś dzwonek na wysokości około półtora metra nad ziemią. Przewlecz metrowy sznurek przez korek i zrób supełki na obu końcach.

2 Strzelec trzyma jeden koniec sznurka w jednej dłoni, a korek w drugiej tak, że rozciągnięty sznurek leży na wyprostowanej ręce. Zdecydowanym ruchem nadgarstka strzelec próbuje uderzyć korkiem w dzwonek.

3 Zawodnik ma dziesięć „strzałów" i dostaje jeden punkt za każdy celny. Trafienie w cel jest trudniejsze niż się na pozór wydaje.

246. Skaczące ziarenko

Śmieszna zabawa, w której złapanie ziarenka przy pierwszej próbie wcale nie jest łatwe.

Wiek: od 7 lat

Orientacyjny czas: 2 minuty

Ilość uczestników: 1

Materiały: plansza o wymiarach 1m x 1m, tekturowa tuba o długości 1m, okrągłe ziarenko lub pestka, małe sitko

1 Jedna osoba trzyma przechyloną tekturową tubę nad planszą tak, żeby dolny koniec był około 10 cm nad planszą. Dziecko klęka przed planszą, trzymając w ręku sitko.

2 Osoba trzymająca tubę mówi „start!" i wrzuca przez nią ziarenko.

3 Dziecko próbuje złapać ziarenko sitkiem po jednym odbiciu od planszy.

4 Dziecko ma trzy szanse na złapanie ziarenka i otrzymuje punkt za każdą udaną próbę. Zadanie to jest o wiele trudniejsze niż się wydaje.

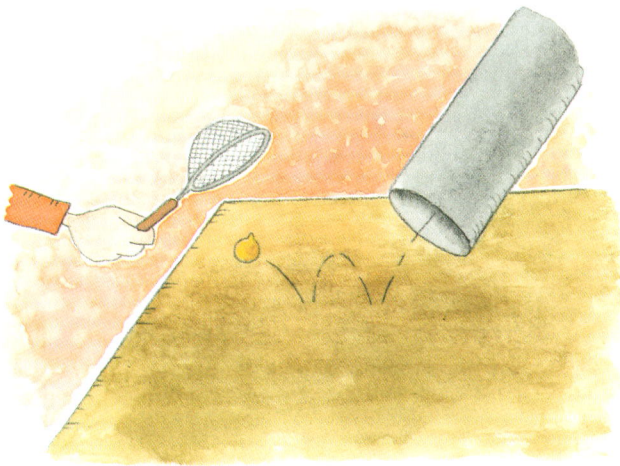

3.8 Zabawy na festyn

ZABAWY NA POWIETRZU

247. Penelopa i Teodor

Wykonanie planszy z labiryntem wykorzystywanej w tej zabawie wymaga czasu i zdolności. Jednak gdy już będzie gotowa, gra sprawi wiele radości zarówno graczom, jak i obserwatorom.

Wiek: od 8 lat

Orientacyjny czas: 2 minuty

Ilość uczestników: 2

Materiały: plansza o wymiarach 1,5m x 0,5m, 2 drewniane listwy o długości 170 cm, rurka z pianki, gwoździe, młotek, nóż lub nożyce, piłeczka pingpongowa

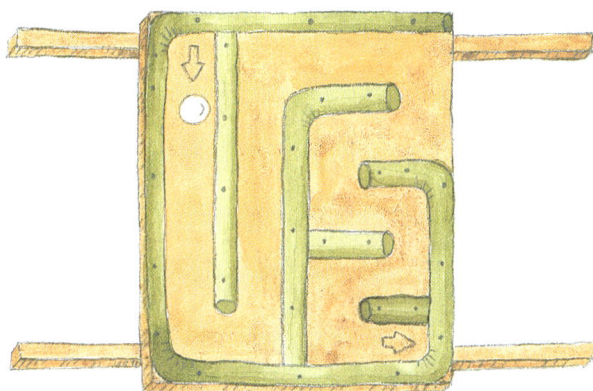

1 Na początku trzeba wykonać planszę z labiryntem przez przybicie kawałków rurki do planszy tak, żeby piłeczka mogła poruszać się tylko w jedną stronę, zgodnie z ilustracją. Następnie przybijamy boki planszy do dwóch listew. Należy też zaznaczyć początek i koniec labiryntu.

2 Gracze trzymają planszę za końce listew, a trzecia osoba umieszcza piłeczkę na początku labiryntu.

3 W określonym czasie gracze muszą przeprowadzić piłeczkę przez cały labirynt, przechylając planszę na boki. Powinni przy tym bardzo dobrze skoordynować swoje ruchy.

4 Jeśli uda im się sprawić, że piłeczka trafi do celu nie spadając z planszy, oznacza to, że zdali ten trudny sprawdzian zręczności.

3.8 Zabawy na festyn

183

ZABAWY NA POWIETRZU

248. Cyrkowa koszykówka

W tej zabawie nie wystarczy trafić piłką do wiaderka, trzeba też przerzucić ją przez obręcz.

Wiek: od 8 lat

Orientacyjny czas: 2 minuty

Ilość uczestników: 1 lub więcej

Materiały: sznurek, obręcz o średnicy około 1m, piłka, wiaderko

1 Połóż wiaderko na ziemi i powieś obręcz na sznurku w odległości metra od wiaderka.

2 Zawodnik staje za linią około dwóch metrów przed wiaderkiem.

3 Gracz wykonuje trzy rzuty, starając się, żeby piłka przeleciała przez obręcz, odbiła się od ziemi i wpadła do wiaderka.

4 Za każdy udany rzut zawodnik zdobywa jeden punkt.

249. Walka na poduszki

Zabawny pojedynek, w którym przeciwnicy walczą ze sobą poduszkami. Nie polecamy jej małym dzieciom, które mogłyby upaść i potłuc się.

Wiek: od 10 lat

Orientacyjny czas: 2 minuty

Ilość uczestników: 2

Materiały: deska, 2 cegły, taśma do pakowania, 2 poduszki

1 Zróbcie podest, kładąc cegły pod końce deski. Można go usztywnić taśmą do pakowania.

2 Zawodnicy wchodzą na podest z poduszką w ręce.

3 Dziecko musi zepchnąć przeciwnika z podestu, uderzając go poduszką i uważając, żeby nie stracić równowagi.

4 Zawodnik przegrywa pojedynek, gdy straci równowagę i spadnie z podestu. Dzieci nie powinny skakać po desce, bo mogą spaść i nabić sobie siniaka.

250. Lodowisko

W tym przypadku chodzi o butelkę, która musi do-ślizgać się do mety.

Wiek: od 11 lat

Orientacyjny czas: 10 minut

Ilość uczestników: 2 lub więcej

Materiały: plansza o wymiarach 1m x 1,5m, gwoździe, młotek, butelka z grubego szkła, piasek, mydło w płynie

1   Na planszy wyznacz kręty tor, rysując dwie równoległe linie w odległości około 25 cm jedna od drugiej tak, żeby po obu stronach butelki postawionej między nimi pozostało niewiele wolnego miejsca.

2   Na liniach wbij gwoździe rozstawione co 3 cm. Wbij je tylko do połowy.

3   Następnie posmaruj tor mydłem w płynie, żeby butelka mogła się ślizgać.

4   Napełnij połowę butelki piaskiem, żeby była cięższa i bardziej stabilna.

5   Połóż planszę na ziemi i umieść butelkę na starcie.

6   Następnie trzymając planszę obiema rękami w jednym końcu, musisz przechylać ją w różne strony, żeby butelka ślizgała się po torze między liniami. Uważaj też, żeby się nie przewróciła.

7   Jeśli butelka się przewróci, trzeba położyć ją z powrotem na początek toru. Wygrywa osoba, która doprowadzi butelkę do mety w najkrótszym czasie.

3.8   Zabawy na festyn

185

ZABAWY NA POWIETRZU

Indeks

Na kolejnych stronach książki znajduje się indeks,

który pomoże wam znaleźć i wybrać zabawy na różne okazje.

Zabawy uporządkowano w kolejności alfabetycznej i podano ilość uczestników,

ich wiek, czas zabawy i informację, czy do zabawy potrzebne są jakieś materiały.

Jest to tylko ogólny przewodnik, ponieważ

w razie potrzeby zasady wszystkich zabaw można modyfikować.

Indeks

187

Indeks

188

Podziękowania

Dla Maqui za pomoc, José Antonio z Biblioteki
Gier La Guineu oraz dla ATZAR
(Stowarzyszenia Bibliotek i Kronikarzy Gier
z Katalonii).